Führung und Projekterfolg mit US-Geschäftspartnern

Sandra Müller

Führung und Projekterfolg mit US-Geschäftspartnern

Interkulturell agieren,
gemeinsam zum Ziel kommen

Sandra Müller
München, Deutschland

ISBN 978-3-658-28280-6   ISBN 978-3-658-28281-3 (eBook)
https://doi.org/10.1007/978-3-658-28281-3

Die Deutsche Nationalbibliothek verzeichnet diese Publikation in der Deutschen Nationalbibliografie; detaillierte
bibliografische Daten sind im Internet über http://dnb.d-nb.de abrufbar.

Springer Gabler

Springer Gabler ist ein Imprint der eingetragenen Gesellschaft Springer Fachmedien Wiesbaden GmbH und ist
ein Teil von Springer Nature.
Die Anschrift der Gesellschaft ist: Abraham-Lincoln-Str. 46, 65189 Wiesbaden, Germany

Vorwort: Interkulturelle Kompetenzen für die USA: Alles klar – oder ein Dauerbrenner?

„Fremd ist der Fremde nur in der Fremde.“

Karl Valentin (1882–1948)[1]

Hollywood versorgt die ganze Welt mit Bildern aus den USA: Zahlreiche Action-Helden, Fantasy Storys oder romantische Komödien haben sich in unser kollektives Gedächtnis eingebrannt.[2]

Nicht selten passiert es mir bei meiner Tätigkeit als Trainerin, Coach und Beraterin, dass die Kunden in der Diskussion über den amerikanischen Managementstil ihr Wissen aus Filmen zitieren. Das Auftreten der Protagonisten von Krimi- oder Comedy-Serien wie *Navy CIS* und *Big Bang Theorie* prägen unsere Vorstellung von der amerikanischen Gesellschaft offensichtlich stärker als eigene Erlebnisse oder Fachwissen.[3]

Dabei ist klar: Die interkulturelle Zusammenarbeit zwischen Deutschen und Amerikanern ist in vielen Unternehmen noch immer kein Selbstläufer, obwohl die USA in unser aller Leben durch die Pop- und Unterhaltungskultur präsent sind und deshalb vermeintlich vertraut auf uns wirken. Es gibt aus meiner Sicht ein anhaltendes Informationsdefizit in Deutschland über unseren Handelspartner, das zu zahlreichen Kommunikationsstörungen im beruflichen Alltag führt.

Mit diesem Buch möchte ich einen Beitrag zur Verbesserung der Zusammenarbeit zwischen deutschen und amerikanischen Wirtschaftspartnern leisten. Es ist mir wichtig, pragmatische Lösungswege anzubieten. Dazu habe ich sechs Praxisfälle für Sie zusammengestellt, die Fragestellungen echter Unternehmen beschreiben. Sie begleiten beim Lesen die deutschen Protagonisten der Fälle und sehen diesen beim Lösen ihrer Aufgaben über die Schulter. Die am Ende eines jeden Fallbeispiels vorgestellten und diskutierten Instrumente sind mehrfach im Feld getestet worden und haben sich als hilfreich erwiesen.

In Deutschland sind interkulturelle Fragestellungen bekanntlich schon seit vielen Jahren in die Curricula von Hochschulen und Unternehmen integriert. Meine Beobachtung

---

[1] http://www.karl-valentin.de/zitate/zitate.htm. Zugegriffen am 25.02.2019.

[2] Fehrenbach, H. & Poiger, U. G. (2000).

[3] Die beiden genannten Serien werden weltweit am meisten gesehen und wurden bereits mehrfach für ihren Erfolg ausgezeichnet. https://www.chip.de/news/Wer-haette-das-gedacht-Das-ist-die-meistgesehene-Serie-der-Welt_117286750.html. Zugegriffen am 26.06.2019.

dazu ist: Die Lernaufgabe – und die angestrebte Verhaltensveränderung in der Kontaktsituation – wird aus meiner Sicht einseitig auf der deutschen Seite verortet.

Ich bearbeite diesen Umstand positiv: Ausgestattet mit hilfreichen Instrumenten, können Sie als Leser Impulse setzen. Das Wissen vergrößert Ihren Handlungsspielraum und so können Sie Ihre berufliche Partnerschaft in eine „Win-win-Situation" verwandeln.

Für die Anwendung der Buchinhalte in Ihrer beruflichen Praxis spielt es keine Rolle, ob Sie als Führungskraft oder Experte bereits mehr oder weniger Erfahrung in der Zusammenarbeit mit den USA gesammelt haben. Die Fallbeispiele sind für jeden Hintergrund geeignet und beleuchten unterschiedliche Schwerpunkte.

Lösungsansätze stehen konsequent im Mittelpunkt statt der Betrachtung, ob entweder die amerikanische oder die deutsche Seite (noch) mehr zur Lösung beitragen kann. Ich lade Sie ein, Ihre Erfahrungen mit den Handlungsempfehlungen aus den Praxisfällen zu vergleichen. So können Sie Ihre individuellen Schlüsse für den Transfer ziehen: für Ihren Alltag – in Theorie und Praxis. So stärke ich gezielt die Handlungskompetenz meiner Leserinnen und Leser.

Auf die Vielschichtigkeit der amerikanischen Gesellschaft gehe ich in diesem Rahmen nicht ein. Ich beschränke mich – wie bei interkulturellen Werken üblich – auf didaktische Vereinfachung ergänzt durch persönliche Erfahrungen aus meiner Berufserfahrung und die meiner Kunden. Als wissenschaftliche Grundlage steht das Konzept der „Kulturstandards" im Mittelpunkt.[4]

Diesen Aspekten schenke ich besondere Aufmerksamkeit:

- Wodurch unterscheidet sich der Kommunikationsstil und die Businessetikette in Deutschland und den USA – unabhängig von der Sprache?
- Wie werden in den USA Lob und Kritik ausgedrückt?
- Welche Unterschiede gibt es zwischen dem deutschen und dem amerikanischen Führungsstil?
- Was ist – interkulturell betrachtet – „typisch deutsches Verhalten" und wie wirkt es in ausgewählten geschäftlichen Momenten auf „die Amerikaner"?
- Welchen Herausforderungen stellen sich Teams in Deutschland, die mit US-amerikanischen Kollegen kooperieren möchten?
- Welche Strategien, Methoden und Instrumente stehen den Akteuren zur Verfügung, um die Kooperation erfolgreich zu gestalten?

Ich wünsche Ihnen beim Lesen und Durcharbeiten der Praxiskapitel viel Freude und zahlreiche positive Erkenntnisse.

München, Deutschland   Sandra Müller
im September 2019   Expertin für Kundenkommunikation und Führung

---

[4] Siehe hierzu das umfassende Werk von Alexander Thomas.

Inhaltsverzeichnis

Abbildungsverzeichnis

Tabellenverzeichnis

Kultursensibles Management: Unser Alltag am globalen und digitalen Arbeitsplatz

1.1 Die USA als Geschäfts- und Handelspartner

Etwa 50 Millionen Menschen in den USA geben an, deutscher Abstammung zu sein. Das sind rund 15 Prozent der US-Amerikaner und -Amerikanerinnen.

Es gibt zahlreiche deutsch-amerikanische Vereine, die sich der deutschen Brauchtumspflege widmen. Sie stellen jedoch keine geschlossene Interessengruppe dar, die Spezifika zur deutschen Kultur jenseits von gängigen Klischees verbreiten könnte oder wollte.[1] Das Deutschlandbild in Amerika dominiert deshalb eine „Karikatur Bayerns": In der kollektiven Wahrnehmung werden kontinuierlich Impressionen von griesgrämigen, aber hart arbeitenden Deutschen in Lederhosen bei Oktoberfest-Besuchen aufgerufen.[2] Augenzwinkernd sei noch erwähnt, dass zweifellos auch Modelmama Heidi Klum einen Beitrag zum Deutschlandbild in den USA leistet.

In der digitalisierten und globalisierten Arbeitswelt gehört der Kontakt zu den USA nicht nur in global arbeitenden Konzernen, sondern auch bei vielen Mittelständlern zum Standard. Kein Wunder, denn die engen deutsch-amerikanischen Wirtschaftsbeziehungen sind eine wesentliche Säule der bilateralen Beziehungen. Wichtig für die reibungslose Zusammenarbeit ist ein hohes Informationsniveau auf beiden Seiten.

---

[1] https://www.auswaertiges-amt.de/de/aussenpolitik/laender/usa-node/bilateral/204568. Zugegriffen am 25.06.2019.

[2] https://www.spiegel.de/politik/ausland/das-bild-von-deutschland-in-den-usa-ist-eine-karikatur-bayerns-a-853696.html. Zugegriffen am 28.07.2019; Brunner, B. (2009), Emmerich, A. (2010). Fehrenbach, H.& Poiger, U.G. (2000).

© Springer Fachmedien Wiesbaden GmbH, ein Teil von Springer Nature 2020
S. Müller, *Führung und Projekterfolg mit US-Geschäftspartnern*,
https://doi.org/10.1007/978-3-658-28281-3_1

▶ Wichtige Kennzahlen:
- Die USA sind der größte Abnehmer deutscher Exporte und Deutschland ist der wichtigste Handelspartner der USA in Europa.
- Gemessen am Gesamtvolumen (Importe + Exporte) des bilateralen Warenverkehrs der USA liegt Deutschland weiterhin auf dem fünften Platz nach China, Kanada, Mexiko und Japan.
- In Deutschland liegt der bilaterale Warenverkehr mit den USA an dritter Stelle. Er belief sich 2018 auf etwa 183,6 Mrd. USD.
- Die US-Exporte nach Deutschland betrugen in 2018 57,7 Mrd. USD (2017: 53,5 Mrd. USD).
- US-Importe aus Deutschland in die USA wurden in 2018 in Höhe von 125,9 Mrd. USD getätigt (2017: 117,7 Mrd. USD).[3]

Damit wird klar: Aktuelle und aktuellste politische Diskussionen des Jahres 2019 hin oder her – die USA bleiben Deutschlands wichtigster Absatzmarkt. Das Exportvolumen wächst sogar entgegen allen negativen Prognosen.[4] Solides Wissen über kultursensibles Management im Umgang mit den USA ist deshalb eine unverzichtbare Schlüsselqualifikation für Ihren beruflichen Erfolg.

1.2   Wie Sie das Buch für Ihren täglichen Erfolg mit Partnern aus den USA nutzen

Mein Buch unterstützt Experten, Projektleiter und Führungskräfte – vom Junior bis zum erfahrenen Kenner der USA. Es bietet didaktisch aufbereitetes Material, wenn Sie konkrete Auskünfte zu spezifischen Themen suchen. Mit Arbeitsblättern und Checklisten sind unterschiedliche Lese- und Reflexionsmomente möglich: Selbstreflexion, Zusammenarbeit mit Teams oder einzelnen Kollegen und das Erreichen von Zielen. Lesen Sie unten, wann Sie das Buch besonders anspricht.

Sie sammeln erste Berufserfahrung in der Zusammenarbeit mit den USA
Sie arbeiten aktuell in einem lokalen, regionalen oder nationalen Kontext. Um sich selbst auf Fragen der Globalisierung vorzubereiten, möchten Sie mehr erfahren über den Arbeitsalltag mit US-amerikanischen Geschäftspartnern.

---

[3] https://www.auswaertiges-amt.de/de/aussenpolitik/laender/usa-node/bilateral/204568. Zugegriffen am 25.06.2019.
[4] Wichtigster Handelspartner für Deutschland ist jedoch weiterhin China, https://www.zeit.de/wirtschaft/2019-02/aussenhandel-export-usa-wichtigster-absatzmarkt-handelspartner-china. Zugegriffen am 29.07.2019.

- Das Buch bietet Ihnen einen Blick auf die Unterschiede und Gemeinsamkeiten zwischen der deutschen und der amerikanischen Arbeitskultur. Sie erhalten auf der Grundlage von Praxisfällen einen Eindruck von den möglichen Konsequenzen, die das im Arbeitsalltag für Sie haben kann.
- Sie verfolgen aus der Perspektive der Hauptprotagonisten der Praxisfälle verschiedene Stufen der Selbstreflexion. Parallel dazu lernen Sie, mit welchen Werkzeugen Sie die Bedarfslage in verschiedenen Anwendungsfällen analysieren und beschreiben können. Sie haben die Gelegenheit, die in den Fällen vorgestellten Lösungsstrategien in Bezug auf Ihre konkrete Anwendungssituation zu prüfen. So sind Sie gut gerüstet, wenn sich an Ihrem Arbeitsplatz die Zusammenarbeit mit Kollegen, Lieferanten oder Geschäftspartnern aus den USA verstärkt.

Sie meistern bereits gelegentlich berufliche Kontakte mit den USA
Sie arbeiten unregelmäßig mit Partnern aus oder in den USA und sind mit Ihren ersten Ergebnissen zufrieden. Allerdings möchten Sie die Kooperationsleistung reflektieren, um sich noch weiter zu entwickeln.

- Sie lernen, welche Störungen in der Kommunikation in der interkulturellen Zusammenarbeit als Klassiker gelten. Dabei stelle ich Ihnen die unterschiedlichen Perspektiven von Deutschland und den USA vor. Die Eindrücke von Mitarbeitern, Teams und von Führungskräften werden erläutert und verglichen.
- Ich biete Ihnen Hintergrundwissen zur amerikanischen Arbeitskultur und Praxistipps an. Im Mittelpunkt stehen praxisnahe Erfolgsstrategien und deren gelungene Implementierung, die Sie ganz oder teilweise auf Ihren Alltag übertragen können. So erweitern Sie Ihr Blickfeld und Ihr persönliches Repertoire an Kommunikationsinstrumenten, um Ihre Zielerreichung auch im internationalen Kontext zu sichern.

Sie arbeiten kontinuierlich mit Partnern aus oder in den USA zusammen
Die Freuden und die Herausforderungen der Zusammenarbeit mit US-amerikanischen Partnern kennen Sie aus der eigenen Praxis. Sie haben Barrieren wie Sprachprobleme, die Arbeit in verschiedenen Zeitzonen oder Anlaufschwierigkeiten mit der Kommunikationstechnik bereits mehrfach erfolgreich überwunden. Gerade deshalb möchten Sie Ihre interkulturelle Handlungskompetenz auf den Prüfstand stellen und punktuelle Anregungen einholen.

- Mit dem Buch erfahren Sie, wie Sie Qualitätsprobleme erfolgreich lösen, Mitarbeiter motivieren und die gute Kooperation über die Distanz hinweg mit passenden Herangehensweisen stärken können.
- Sie suchen nach weiteren Werkzeugen für Ihren Berufsalltag. Der Reflexionsleitfaden macht Sie vertraut mit verschiedenen praxisnahen Interventionsmöglichkeiten. Die Lösungen dienen als Vergleich zu Ihrem Arbeitsalltag und dessen spezifischen Herausforderungen. Durch die Arbeitsschritte im Buch und die kommentierte Toolbox lernen Sie, wie Sie die Werkzeuge für Ihre Zielerreichung anpassen können.

- Die kontinuierliche Qualifikation Ihrer Mitarbeiter in Bezug auf die Zusammenarbeit mit den USA können Sie ebenfalls auf der Grundlage der Praxisfälle reflektieren und mit Ihrer Praxis vergleichen. So gelingt es Ihnen, Ihre Kompetenzen als Führungskraft zu aktualisieren, jederzeit als Individuum oder Team handlungsfähig zu bleiben oder mögliche Lücken in der Selbst- bzw. der Fremdwahrnehmung zu erkennen.

Sie sind in den USA tätig oder haben sich für eine Entsendung entschieden
Sie sind mehr oder weniger international erfahren oder bringen unterschiedlich intensive Eindrücke von der Zusammenarbeit mit den USA mit. Vielleicht haben Sie bereits andere Auslandsaufenthalte erfolgreich gemeistert.

- Ihr Ziel ist es, den Einfluss des deutsch-amerikanischen Kulturunterschiedes auf Ihr Arbeitsverhalten noch besser einzuschätzen. Sie möchten sich so vorbereiten, dass Sie Fettnäpfe erfolgreich vermeiden oder das eine oder andere Malheur unkompliziert ausgleichen können. Das Buch unterstützt Sie dabei, die nötigen Voraussetzungen für die gelungene Zusammenarbeit zu erkennen und bereitzustellen in Bezug auf Ihre interkulturelle Sensibilisierung und Ihr Verständnis für die Kommunikationserwartungen in den USA.
- Die Lektüre führt Sie an das Thema „Kulturschock" heran und erklärt Ihnen, wie wichtig die Bewältigung für den Erfolg der Entsendung ist. Sie können verschiedene kurz- wie mittelfristige Strategien nachlesen. Darüber hinaus gibt das Buch Ihnen die Gelegenheit, Ihren Blick zu schärfen, welche Ihrer Handlungsmuster in den USA als „typisch deutsch" betrachtet werden und wie Sie das für sich nutzen können.

Der Aufbau in drei Kapitel
Das Buch ist in drei Teile untergliedert, um Ihnen das schrittweise Lesen und Durcharbeiten zu erleichtern:

- Sie beginnen damit, den Handelspartner USA in seiner Bedeutung für die deutsche Wirtschaft kennenzulernen.
- Anschließend begleiten Sie die deutschen Protagonisten in sechs Praxisfällen dabei, wie sie ihre Herausforderungen im Umgang mit amerikanischen Partnern prüfen. Der Kontakt findet in Deutschland oder bei mehr oder weniger langen Aufenthalten in den USA statt. Sie nehmen beim Lesen Teil an dem Reflexionsprozess und erleben, wie sich die Akteure im Fallbeispiel vollständig oder teilweise neu ausrichten. Sie können nachvollziehen, wie die weiblichen und männlichen Akteure ihre Herausforderungen im Alltag von der Idee bis zur erfolgreichen Umsetzung lösen.
- Im letzten Teil des Buches finden Sie die kommentierte Zusammenfassung aller vorgestellten Arbeitsmethoden und Instrumente. Mit dieser Sammlung reflektieren Sie die Vor- und Nachteile der Werkzeuge. Sie lernen, die Methoden auf Ihren Anwendungsfall anzupassen, und sind so, unabhängig von Beratungsleistungen, Ihr eigener Coach im interkulturellen Kontakt mit den USA (Abb. 1.1).

Abb. 1.1 Übersicht über den Aufbau und die Inhalte im Buch

Informationen für Schnell- und Querleser

Sie möchten sich trotz Zeit- und Entscheidungsdruck informieren? Sehr gerne komme ich auch Schnell- und Querlesern entgegen: Sie finden unten Orientierungspunkte, um sich auch gezielt zu einem Anliegen zu informieren:

►   Eine Übersicht zum Aufbau und den Inhalten im Buch
►   Leseanleitungen, wie Sie mit den Kap. 1, 2 und 3 erfolgreich arbeiten
►   Inhaltsangaben der Praxisfälle, um gezielt zu lesen oder ausgewählte Themen zu rekapitulieren

Wie Sie mit Kap. 1 arbeiten

►   Sie finden Wissenswertes über interkulturelle Kommunikation zwischen Deutschland und den USA zu Beginn von Kap. 1.
►   Im Abschnitt „Wie Sie mit diesem Buch arbeiten" finden Sie eine Leserorientierung und hilfreiche Übersichten.

Wie Sie mit Kap. 2 arbeiten

Die Fallbeispiele stammen aus meiner Praxis als Beraterin, Trainerin und Coach. Alle Namen, biografischen Daten und Firmenbezeichnungen sind verfremdet, um die Daten meiner Kunden zu schützen.

Die Herausforderungen international agierender Mittelständler werden dabei ebenso ernst genommen wie die Fragestellungen internationaler Global Player. Die Fälle sind nach der Länge und Intensität der Zusammenarbeit zwischen den deutschen und amerikanischen Kollegen geordnet.

Diese Anwendungsfälle rund um die deutsch-amerikanische Zusammenarbeit stelle ich Ihnen vor (Abb. 1.2)

▶ Eine Projektgruppe aus einem deutschen und einem amerikanischem Vertriebsteam lernt sich kennen
▶ Zwei Marketingabteilungen möchten die bisher gute Kooperation vertiefen
▶ Eine Zentralabteilung kooperiert mit einer amerikanischen Landesgesellschaft zu Kundenbindungsprogrammen
▶ Eine deutsche Abteilungsleiterin führt mit ihrem amerikanischen Mitarbeiter in den USA ein Kritikgespräch
▶ Ein deutscher IT-Manager löst Qualitätsprobleme in seinem Team in den USA
▶ Ein deutscher Einkaufsleiter sammelt Erfahrungen über perfekte Vorträge vor amerikanischem Publikum

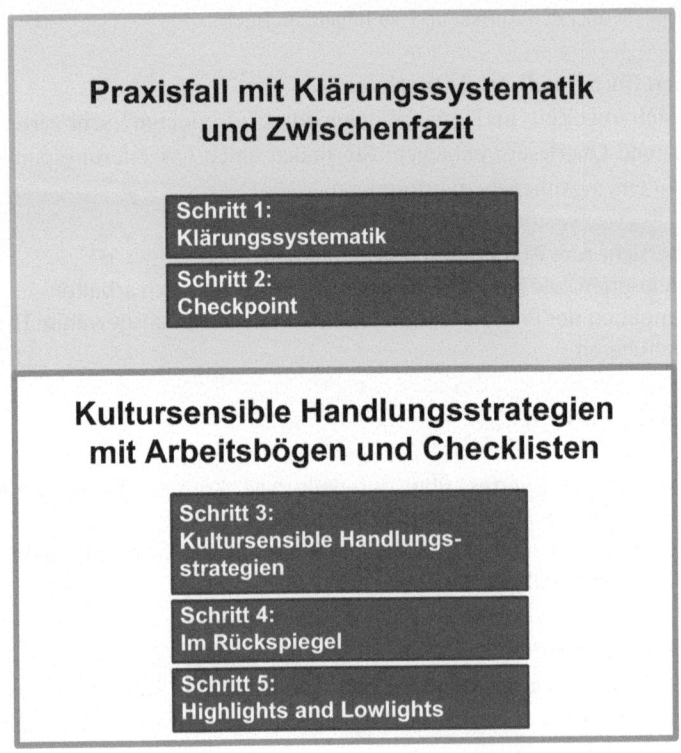

Abb. 1.2 Aufbau der Praxiskapitel

Wie in allen meinen Büchern behandle ich die Praxisfälle mit einer Klärungssystematik, die an den Fall angepasst ist.

Die Praxiskapitel bearbeiten Sie in fünf Schritten

1) Der erste Schritt stellt Ihnen eine fallbezogene Klärungssystematik vor, die Sie wie ein roter Faden dabei unterstützt, alle Herausforderungen der deutsch-amerikanischen Teams zu erfassen.
2) Im zweiten Schritt reflektieren Sie Ihre Einschätzung zum Praxisfall. Sie nutzen ein Arbeitsblatt im Buch für diesen Zweck.
3) Im dritten Schritt stehen die Lösungsschritte im Mittelpunkt: Kultursensible Handlungsoptionen werden vorgestellt. Sie lernen Arbeitsbögen und Checklisten kennen. Die Praxisfälle bieten zusätzlich Praxistipps oder Hintergrundinformationen, mit denen die deutschen oder amerikanischen Protagonisten im Fall gearbeitet haben.
4) Der vierte Schritt erzählt das Fallbeispiel zu Ende: Sie erfahren, wie die Teams und ihre Führungskräfte sich verhalten haben, um die Herausforderungen mit Kunden, Lieferanten oder im eigenen Unternehmen zu meistern.
5) Im fünften Schritt bespreche ich in der Rubrik „Highlights and Lowlights" die gelungenen und weniger gelungenen Schritte auf dem Weg zum interkulturellen Verständnis. Am Ende des Kapitels sind Sie eingeladen, Ihre Lernfortschritte zusammenzufassen und Ihre Eindrücke rund um den Praxisfall zu dokumentieren.

Inhalte der Praxisfälle in Kap. 2
Damit Sie auch in Lesesituationen unter Zeitdruck „Ihren perfekten Fall" nachschlagen können, finden Sie hier eine Vorschau auf die Inhalte der Praxisfälle:

► das Fokusthema des Praxisfalls
► die Schlüsselbegriffe, die ich fallspezifisch – jedoch ohne Anspruch auf wissenschaftliche Vollständigkeit – erkläre
► die Systematik zur Reflexion und Klärung der Anforderungen an die Führungskraft oder Projektleiter
► die Interventionswerkzeuge und wie sie genutzt werden

Praxisfall: Zuverlässig kooperieren

Fokusthema:	Kontaktverhalten in den USA und Deutschland vergleichen
Schlüsselbegriffe:	Höflichkeit ausdrücken, Vertrauen aufbauen
Systematik:	Fortschritt durch Früchte
Strategien und Tools:	Interkulturelles Training, Kick-off-Workshop

Praxisfall: Teamgeist schaffen

Fokusthema:	Positive Gruppendynamik gestalten
Schlüsselbegriffe:	Direkte und indirekte Kommunikation, Sach- und Personenorientierung
Systematik:	Direktheits-Filter einschalten
Strategien und Tools:	Trefferliste „Ja, aber …", Optimismus-Barometer, Kommunikationstreiber

Praxisfall: Feedback-Kultur gestalten

Fokusthema:	Entscheidungskompetenzen in den USA und Deutschland beleuchten
Schlüsselbegriffe:	Aufmerksamkeit, Motivation, Rollenverteilung
Systematik:	Verantwortungsanzeiger
Strategien und Tools:	USA-Transformator

Praxisfall: Lob und Kritik formulieren

Fokusthema:	Mitarbeitergespräche erfolgreich führen
Schlüsselbegriffe:	Gesprächskonzepte, Zeiteinteilung
Systematik:	Führungskompass
Strategien und Tools:	Sandwich-Technik

Praxisfall: Kleine Schritte gehen

Fokusthema:	Qualitätsprobleme im Team lösen
Schlüsselbegriff:	Guidance
Systematik:	Wegbereiter
Strategien und Tools:	Arbeitsprozessvergleicher, Arbeitspaketschnürer für Teams

Praxisfall: Den perfekten Auftritt hinlegen

Fokusthema:	Businessetikette und Argumentationsstrukturen in den USA und Deutschland vergleichen
Schlüsselbegriffe:	Präsentationen, Außenauftritt,
Systematik:	Meetingdekodierer
Strategien und Tools:	Eisbrecher, Innovationsworkshop

Wie Sie mit Kap. 3 arbeiten

In Abschn. 3.1 „Deutsche und amerikanische Blickwinkel: Erwartungen an Experten, Projektleiter und Führungskräfte" bündle ich wichtige Praxishinweise zu ausgewählten Themen: Bedeutung der Religion, Patriotismus in den USA und Political Correctness. Der Überblick zeigt Ihnen, wie Sie im beruflichen Kontakt typische, kleine und große, Fettnäpfchen vermeiden.

Unter dem Gliederungspunkt 3.2 finden Sie meinen Werkzeugkasten für die erfolgreiche Zusammenarbeit mit den USA.

Dort habe ich die wichtigen Instrumente der sechs Praxisfälle zusammengefasst und in Bezug auf ihre Anwendung im konkreten Anwendungsfall besprochen. Die kommentierte Zusammenfassung erleichtert es Ihnen, die Inhalte unkompliziert auf Ihren individuellen Alltag zu übertragen.

Literatur

Brunner, B. (2009): Nach Amerika. Die Geschichte der deutschen Auswanderung, München.

Emmerich, A. (2010): Die Geschichte der Deutschen in Amerika. Von 1680 bis in die Gegenwart. Göttingen.

Fehrenbach, H. & Poiger, U. G. (Hrsg.) (2000): Transactions, Transgressions, Transformations: American Culture in Western Europe and Japan, New York/Oxford.

Kultursensible Handlungsoptionen, um gemeinsam zum Ziel zu kommen

2

2.1 Zusammenarbeit konstruktiv etablieren

2.1.1 Praxisfall: Zuverlässig kooperieren

Praxisfall

Der international agierende deutsche Mittelständler „Traditionsbewusst" setzt auf die enge Zusammenarbeit der Vertriebe in den USA und Deutschland, um die Global Player unter seinen Kunden ideal zu betreuen. Die ersten gemeinsamen Projekte laufen sofort an. Ein Kick-off-Meeting zwischen den beiden Abteilungen hatte es nicht gegeben. Der deutsche Vertriebsleiter Jonas Bauer fand: „Ist doch alles klar!" Toni Brewster, der amerikanische Vertriebsleiter, hätte gerne mehr über den Nutzen des Projekts gesprochen, nicht nur über die operative Umsetzung. Um die Stimmung nicht zu verderben, erwähnt er das Thema nicht weiter. Die Projektteams finden jedoch nicht zueinander. Die Kollegen in Deutschland erwarten tiefe Einblicke in die Geschäftskontakte in den USA, während die amerikanischen Kollegen oberflächlich berichten und kaum Interesse an der deutschen Geschäftssituation zeigen.

Die regelmäßigen Telefonkonferenzen zwischen dem deutschen und dem amerikanischen Vertriebsteam liegen Jonas Bauer trotz des guten Einvernehmens im Magen: Die amerikanischen Kollegen nehmen gut gelaunt und stets optimistisch teil. Toni Brewster wirkt im Gespräch freundlich und kollegial auf Jonas Bauer. Der faktenorientierte Informationsaustausch über die Kunden in den USA kam jedoch nicht in Gang. Die euphorischen Zusagen von Toni Brewster und seinem Team zur engen Zusammenarbeit bleiben Lippenbekenntnisse.

Das Projektteam von Jonas Bauer nimmt sich die Zeit, Briefings über die deutschen Kundenkontakte in der gemeinsamen Kundendatenbank einzustellen. Die Kollegen aus den USA beschäftigen sich nicht damit und halten sich bedeckt zu den eigenen Kundenkontakten. Sie

© Springer Fachmedien Wiesbaden GmbH, ein Teil von Springer Nature 2020
S. Müller, *Führung und Projekterfolg mit US-Geschäftspartnern*,
https://doi.org/10.1007/978-3-658-28281-3_2

bleiben allerdings auffallend freundlich und reagieren verbal begeistert auf die Ideen der deutschen Kollegen. Das Vertriebsteam in Deutschland bemerkt diesen Widerspruch und reagiert zuerst verwirrt und später genervt.

Marion Gruber und Markus Wendlinger beklagen sich im Teammeeting, als „die Amis" erneut eine Deadline für eine Datenabfrage unbeantwortet verstreichen ließen, obwohl sie dazu wortreiche Versprechen abgegeben hatten. Marion Gruber bringt es auf den Punkt: „Es fehlt an der Zuverlässigkeit. Ich habe kein Vertrauen mehr in die Zusammenarbeit." Der Rest des Teams nickt stumm. Ein starker Vorwurf, findet Jonas Bauer. Wie soll er reagieren?

=> Aufgabenstellung und Problemanalyse
Das Unternehmen „Traditionsbewusst" baut auf sein lokales Marktwissen, um Kunden perfekt im globalen Geschäft betreuen zu können. Die Zusammenarbeit zwischen einem deutschen und amerikanischen Vertriebsteam im eigenen Unternehmen kommt jedoch nicht in Gang. Die deutsche Seite fühlt sich vor einer „gläsernen Wand" und verliert das Vertrauen zu den amerikanischen Kollegen, obwohl nie ein unfreundliches Wort gefallen ist.

Systematik: Fortschritt durch Früchte

1. Schritt: Unterschiede und Gemeinsamkeiten im Kontaktverhalten identifizieren
2. Schritt: Checkpoint
3. Schritt: Praxisgerechte Maßnahmen ableiten
4. Schritt: Im Rückspiegel – wie ging der Praxisfall weiter?
5. Schritt: Highlights and Lowlights im Praxisfall „Zuverlässig kooperieren"

Ihr Lernvorteil
Mit der Systematik „Fortschritt durch Früchte" erhalten Sie einen Leitfaden, um Ihre aktuelle interkulturelle Kompetenz zu prüfen und – falls gewünscht – Anhaltspunkte für eine Nachjustierung zu erkennen. Im Mittelpunkt steht, die zuverlässige, vertrauensvolle Zusammenarbeit zu etablieren.

Den beruflichen Kontakt mit den USA stellen sich deutsche Experten und Manager häufig unkompliziert vor: Amerikaner wirken auf uns – im Vergleich zu exotischeren Geschäftspartnern – angenehm vertraut.[1] Wir sprechen die Landessprache und kennen die USA vielleicht von privaten oder beruflichen Aufenthalten. Die deutschen Medien konfrontieren uns zudem mit Nachrichten, Unterhaltungsformaten und Reportagen aus den USA.

---

[1] In den USA gibt es rund 3700 deutsche Tochterunternehmen, die für mehr als 674.000 US-Arbeitsplätze stehen. Deutsche Unternehmen sind die viertgrößte Gruppe ausländischer Investoren in den USA., https://www.chemanager-online.com. Zugegriffen am 27.09.2018.

Nach der ersten Phase der Zusammenarbeit wird jedoch häufig deutlich: Die Unterschiede zwischen der amerikanischen und der deutschen Arbeitskultur mögen nicht so offensichtlich sein wie beispielsweise im Kontakt mit China. Auf der Mikroebene stehen beide Seiten trotzdem vor zahlreichen Herausforderungen im interkulturellen Kontakt.

1. Schritt: Unterschiede und Gemeinsamkeiten im Kontaktverhalten identifizieren

Nach dem Teammeeting entschließt sich Jonas Bauer dazu, konkrete Maßnahmen zu ergreifen. Er will aktiv werden, damit die Zusammenarbeit zwischen den Teams endlich Fahrt aufnimmt. Bisher hatte er nur abgewartet und die Situation beobachtet. Das war ihm durch die Rückmeldung seiner Mannschaft im Meeting klar geworden. Begleiten Sie ihn durch die nächsten Schritte:

Jonas Bauer nimmt seinen Laptop zur Hand und schreibt eine E-Mail an seine Chatgruppe in einem sozialen Netzwerk. Er stellt den Teilnehmern die Frage, welche Erfahrungen sie in der Zusammenarbeit mit den USA gesammelt haben. In der Abb. 2.1 sehen Sie die Posts, die Jonas Bauer als Antworten von den befreundeten Vertriebskollegen erhielt.

Jonas Bauer liest alle E-Mails mit Interesse. Helgas Hinweis brachte den wichtigsten Anstoß: Es erscheint Jonas Bauer sofort plausibel, dass die Erwartungen an den Beginn der Zusammenarbeit zwischen den beiden Kulturen verschieden sind. Immerhin liegt ein Ozean zwischen den Ländern, sagt er sich. Bis zu diesem Moment hatte er keinen Gedanken in die Kulturunterschiede investiert. Die Erwartungen an das Projekt waren hoch, deshalb beschäftigte er sich ständig mit der Vertriebssystematik und mit Kundendaten. Das war jedoch nicht genug, wie er jetzt feststellt.

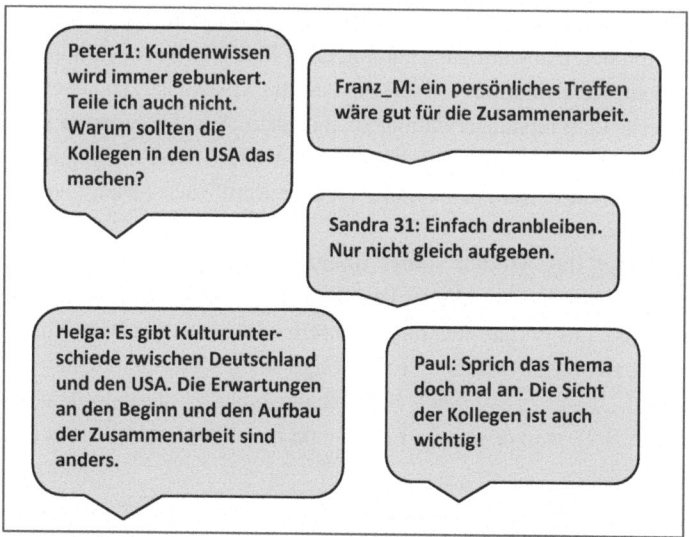

Abb. 2.1 Posts aus der Anwendergruppe von Jonas Bauer

Noch am gleichen Tag wendet sich Jonas Bauer – vermittelt über die Personalabteilung – an den interkulturellen Berater Phillip Schwarzer. Als dieser von dem Sachverhalt erfährt, reagiert er nicht überrascht. Sofort ordnet er das Gehörte in ein Modell ein, das er Jonas Bauer bei der Gelegenheit vorstellt.

a) Pfirsich- und Kokosnusskulturen

Jonas Bauer erfährt, dass man Kulturen in zwei Gruppen unterteilen kann, was deren Kontaktverhalten angeht. In diesem sozialpsychologischen Modell werden Amerikaner als Pfirsiche beschrieben und Deutsche als Kokosnüsse:[2]

- **Wir wissen aus dem Alltag:** Pfirsiche haben eine weiche Schale, allerdings einen harten Kern. Übertragen auf den Kontakt zwischen Menschen, möchte man damit ausdrücken, dass „Pfirsichkulturen" im Erstkontakt auffallend zugewandt agieren und reagieren. Vertreter dieser Kulturen bleiben bei aller demonstrierten Herzlichkeit jedoch eher unverbindlich. Die anfängliche Offenheit ist kein Zeichen für Sympathie oder den sofortigen Aufbau einer dauerhaften, verbindlichen Beziehung. Enge freundschaftliche oder kollegiale Kontakte müssen länger reifen. Hier dient der Pfirsichkern als Vorbild: Der kleine, harte Kern liegt im Inneren der Pfirsiche. Der Betrachter sieht ihn zuerst nicht bzw. Vertreter dieser Kulturen halten ihren „Kern versteckt". Damit ist gemeint, dass das Privatleben dieser Kulturen vom Leben im öffentlichen Raum sorgfältig getrennt wird. Man gibt und tauscht Informationen dosiert aus, um die Privatsphäre des anderen nicht zu verletzen.
- **Kokosnüsse sind bekannt für ihre harte Schale,** die nicht einfach zu öffnen ist. Das Bild drückt aus, dass es anfänglich schwerfallen kann, mit Menschen aus sogenannten „Kokosnusskulturen" in Kontakt zu treten – selbst wenn man sich im selben Raum aufhält. Man spürt zu Beginn deren abwartende Haltung, denn Vertreter dieser Kulturen möchten sich Zeit lassen beim Kennenlernen. Schafft man es, die Kokosnuss „zu knacken", ist dies als eine wohlüberlegte Sympathieerklärung zu verstehen. Aus dieser ersten Phase der besseren Bekanntschaft kann auf Wunsch beider Seiten schrittweise ein gegenseitiges Loyalitätsverhältnis entstehen. Man gehört zum „inneren Kern" dieser Menschen.

Jonas Bauer findet das Modell sofort überzeugend. Unterstützt durch eine Grafik, schätzt er sich selbst ein. Nach reiflicher Überlegung beschreibt sich Jonas Bauer als „echte deutsche Kokosnuss". Er erklärt dem interkulturellen Berater, dass er im Moment des Kennenlernens nicht extrovertiert reagiere. Er benötige einen Moment, um sich an das Umfeld zu gewöhnen und „warm zu werden". Jonas Bauer gibt sich deshalb den Wert 7 auf der Grafik (siehe Abb. 2.2), weil er sich im Erstkontakt bei aller Höflichkeit als eher verschlos-

---

[2] Lewin, K. (1936).

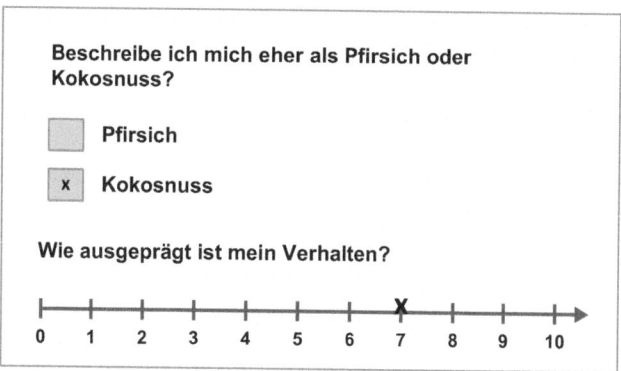

Abb. 2.2 Reflexionshilfe Kontaktverhalten

sen einschätzt. Als er im Teammeeting das Modell vorstellt, beschreiben sich sieben seiner zehn Mitarbeiter ebenfalls als „Kokosnüsse".

Auf der Grundlage des „Pfirsich-Kokosnuss-Modells" leitet Jonas Bauer im nächsten Schritt seine Interpretation des Verhaltensmusters der amerikanischen Kollegen ab:

Die Amerikaner begegnen ihm und seinem Team auffallend freundlich. Die Kollegen wirkten zudem kontaktfreudig. Alle auf der deutschen Seite hatten sich darüber gefreut – aber das Verhalten offensichtlich nicht korrekt eingeordnet. Man hatte aus der Beobachtung fälschlicherweise herausgelesen, dass die Kollegen in den USA neben dem Austausch von Höflichkeiten ebenso offen für die Kommunikation sensibler Kundendaten seien.

Das erwies sich mit Blick auf die bisher eher schleppende Zusammenarbeit als Fehler. Offensichtlich hatten sich Pfirsiche und Kokosnüsse noch nicht genügend kennengelernt.

Praxistipp Höflichkeit

Höflichkeit ist – wie auch für Deutsche – ein grundlegender Kulturstandard für Amerikaner.[3] Aus unserer Sicht begegnen uns Amerikaner jedoch ab dem ersten Moment „mit überschwänglicher Herzlichkeit" – oder zumindest deutlicher Freundlichkeit. Nicht selten leiten wir daraus ab, dass sich die weitere Zusammenarbeit ebenso unkompliziert entwickeln wird. Bedenken Sie jedoch: Aus amerikanischer Sicht ist das gezeigte Verhalten kein Signal dafür, dass man eine ständige Geschäftsbeziehung etablieren will und die intensive Zusammenarbeit beginnt. Die spürbare Zuwendung ist lediglich ein mehr oder weniger langer Moment der ersten höflichen Begegnung, der aus amerikanischer Sicht bei jedem Kontakt anzuwenden ist – aber zu nichts verpflichtet.

---

[3] Thomas, A. (1999).

Herr Bauer möchte sein neues Wissen für die Verbesserung der Kommunikation zwischen den Teams einbringen. Begleiten Sie Jonas Bauer bei seinen weiteren Überlegungen:

b) **Anwendung des Modells im konkreten Fall**

Jonas Bauer und der interkulturelle Berater machten sich im Gesprächsverlauf Notizen, was das beobachtete Verhalten des amerikanischen Kollegenteams anging. Zuerst stellen Phillip Schwarzer und er einen Kriterienkatalog anhand von fünf geschlossenen Fragen auf, um die aktuelle Zusammenarbeit einzuschätzen:

Reflexionsfragen

1) Findet ein regelmäßiger Austausch zwischen den Teams statt?
2) Werden Informationen von beiden Seiten angeboten?
3) Ist die Qualität der besprochenen Informationen für beide Seiten hilfreich?
4) Sind Sie zufrieden mit den bisherigen Ergebnissen?

Jonas Bauer muss alle Fragen mit „Nein" beantworten. Er ist darüber verwundert, denn sein Team und er hatten sich voller Motivation in die Zusammenarbeit gestürzt. Phillip Schwarzer erklärt ihm das Ergebnis so: „Die Zusammenarbeit hat aus der Sicht Ihrer Partner noch nicht begonnen, nur Ihr Team in Deutschland hat sich dem Thema bereits verpflichtet. Sie waren ein bisschen zu forsch für die Kollegen in den USA."

Der Berater kündigt nun den nächsten Schritt an: Gemeinsam bewerten sie ausgewählte, aufschlussreiche Verhaltensbeispiele auf der Grundlage des Pfirsich-Kokosnuss-Modells. Diese „Critical Incidents"[4] wählt Jonas Bauer aus und erarbeitet eine Situationseinschätzung (Abb. 2.3):

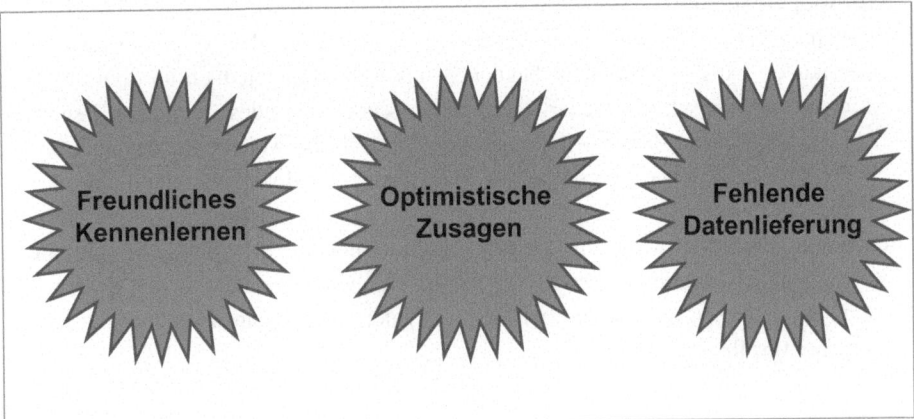

Abb. 2.3 Critical Incidents im interkulturellen Kontakt

---

[4] Flanagan, J. C. (1954).

Freundliches Verhalten in den Telefonkonferenzen beim Kennenlernen
Situationseinschätzung:

- Dies ist das typische Verhalten einer „Pfirsichkultur". Der erste Kontakt im Rahmen eines gemeinsamen Telefonats findet in betont zugewandter Stimmung statt. So zeigt man in den USA höfliches Interesse (im Praxisfall: „Die amerikanischen Kollegen nehmen gut gelaunt … teil. Toni Brewster wirkt im Gespräch freundlich und kollegial auf Jonas Bauer.").
- Auf das deutsche Team im Praxisfall wirkt dies sehr positiv. Man interpretiert in die offene, persönliche Haltung ein ebenso ausgeprägtes sachliches Interesse hinein. So bauen sich auf der deutschen Seite hohe Erwartungen auf (im Praxisfall: „Die Kollegen in Deutschland erwarten tiefe Einblicke in die Geschäftskontakte in den USA.").

Optimistische Zusagen zur Zusammenarbeit
Situationseinschätzung:

- Zum amerikanischen Verhaltensmuster gehört es auch, vorgeschlagenen gemeinsamen Aktionen erst einmal zuzustimmen. Im Praxisfall verbreitet man gerne eine positive Stimmung (im Praxisfall: „Sie bleiben … auffallend freundlich und reagieren verbal begeistert auf die Ideen der deutschen Kollegen."). Dahinter muss kein konkretes Interesse stehen, sondern man betrachtet solche Zusagen als unverbindlich.
- Für die deutschen Gesprächsteilnehmer ist dies im Moment des Gesprächs nicht zu erkennen – und deshalb werden die positiven Zusagen für bare Münze genommen. Entsprechend der deutschen Businessetikette beginnen die Arbeiten auf der eigenen Seite (im Praxisfall: „Das Projektteam von Jonas Bauer nimmt sich die Zeit, Briefings über die deutschen Kundenkontakte in der gemeinsamen Kundendatenbank einzustellen.") und die Erwartungen an die Gegen- oder Kooperationsleistungen sind geweckt (im Praxisfall: „Marion Gruber und Markus Wendlinger beklagen sich im Teammeeting …").

Keine zuverlässige Datenlieferung von den amerikanischen Kollegen
Situationseinschätzung:

- Das gemeinsame Vorgehen wurde nicht in einem Kick-off-Meeting erarbeitet, sondern von Jonas Bauer ohne Diskussion einfach vorgegeben. Im Praxisfall fühlt sich Toni Brewster deshalb noch nicht wirklich abgeholt von dem deutschen Abteilungsleiterkollegen. Man möchte negative Gefühle in den USA jedoch nicht direkt ansprechen, wenn dies zu vermeiden ist (im Praxisfall: „Um die Stimmung nicht zu verderben, erwähnt er das Thema nicht weiter.“). Man zeigt – im Praxisfall – durch Versäumen der Termine, dass man inhaltlich noch nicht im Boot ist, ohne im Gespräch mit offenen Karten zu spielen („Marion Gruber und Markus Wendlinger beklagen sich im Teammeeting, als ‚die Amis‘ erneut eine Deadline für eine Datenabfrage unbeantwortet verstreichen ließen, obwohl sie dazu wortreiche Versprechen abgegeben hatten.“).

- Für die deutschen Kollegen entsteht so irrtümlich der Eindruck von Unzuverlässigkeit. Das Team reagiert nachvollziehbarerweise mit Enttäuschung und stellt die Zusammenarbeit in Frage (im Praxisfall: „Marion Gruber bringt es auf den Punkt: ‚Es fehlt an der Zuverlässigkeit. Ich habe kein Vertrauen mehr in die Zusammenarbeit.‘ Der Rest des Teams nickte stumm.“).

Das Fazit von Jonas Bauer

- **Ich bin eine „echte Kokosnuss“.** Im Beruf denke und handle ich überwiegend auf nüchterne Art. Obwohl ich im Vertrieb viel Erfahrung mit Menschen gesammelt habe, gehe ich auf die Bedürfnisse beziehungsorientierter Menschen nicht gerne ein. Ich verlasse mich darauf, dass man meine Persönlichkeit und mein Vorgehen nach einiger Zeit schätzen lernt aufgrund meiner guten Arbeitsergebnisse.
- **Mein Auftritt** wirkt auf die amerikanischen Kollegen im schlimmsten Fall unfreundlich und ruppig. Damit hatte ich nicht gerechnet, weil ich die Perspektive der „Pfirsiche“ bisher nicht eingenommen habe. Meine Teamkollegen haben mein Verhalten kopiert und bestimmt nicht zur Entspannung der Lage beigetragen. Wir blieben in der ersten Phase der Projektarbeit stecken.
- **Es war kein idealer Beginn** der Zusammenarbeit, mit Toni Brewster unvermittelt in die operativen Aspekte der Vertriebsarbeit einzusteigen. Ich hätte seine Erwartungen erst einmal abholen und mit ihm die Vorzüge für beide Seiten diskutieren müssen. Das war schlechter Managementstil, der auch mit einem deutschen Kollegen nicht zum Erfolg geführt hätte. Sehr wahrscheinlich wäre jedoch ein klares Feedback im Sinne von „Moment mal – da sind noch Themen offen für mich!“ als Rückkopplung zielführend gewesen. Das kam für Toni Brewster – kulturbedingt – nicht in Frage. Das war mir nicht bewusst. Seine höflichen Andeutungen habe ich als „klassische Kokosnuss“ nicht ernst genug genommen – ein Versäumnis, das sich als folgenschwer herausstellt.

2. Schritt: Checkpoint/Kontrollpunkt

Ihr Lernvorteil

Nutzen Sie diesen Abschnitt, um Ihre Eindrücke zum Praxisfall zusammenzufassen. Reflektieren Sie, ob Sie sich der Meinung von Jonas Bauer anschließen oder ob Sie eine andere Auffassung zur Situation im Team haben.

Kulturnavigator

1) Wie schätzen Sie die Bedürfnisse von Jonas Bauer ein?
....
....

2) Wie beurteilen Sie das Vorgehen von Jonas Bauer und seinem Team?
....
....

3) Welche Veränderungen in der Zusammenarbeit schlagen Sie vor?
....
....

2.1.2   Kultursensible Handlungsoptionen mit Empfehlung

Jonas Bauer versteht durch die interkulturelle Beratung besser, wo die konkreten Schwierigkeiten in der Zusammenarbeit liegen. Als erfahrener Manager ist ihm klar: Genauso wichtig wie die Analyse ist es, jetzt die richtigen Maßnahmen zu ergreifen, um die Zusammenarbeit positiv zu gestalten. Er sieht Handlungsbedarf in Bezug auf das deutsche und das amerikanische Team:

- Sein Team war enttäuscht und genervt. Es hat das Vertrauen in die Zusammenarbeit mit den Amerikanern verloren.
- Die amerikanischen Kollegen kooperierten – bis auf die Gespräche in den Telefonkonferenzen – momentan nicht, was die inhaltlichen Themen angeht. Die Gründe dafür müssen geklärt werden.

Begleiten Sie Jonas Bauer nun bei seinen nächsten Aktionen:

3. Schritt: Praxisgerechte Maßnahmen ableiten

Ihr Lernvorteil

Dieser Abschnitt stellt Ihnen konkrete Vorschläge für Jonas Bauer und sein Team vor. Im Mittelpunkt steht, die Sensibilität zur eigenen Arbeitskultur zu stärken und bei der Interaktion mit den amerikanischen Kollegen auch kulturelle Aspekte in die Betrachtung der Zusammenarbeit einzubeziehen.

Jonas Bauer findet es an der Zeit, sein Team über die interkulturellen Unterschiede zwischen Deutschland und den USA zu informieren. Sein Ziel ist es, die Handlungskompetenz seiner Kolleginnen und Kollegen zu stärken und wieder für die Zusammenarbeit mit den Amerikanern zu begeistern.

Rückwirkend betrachtet erscheint es ihm als ernstes Versäumnis, die interkulturellen US-Kompetenzen im Team nicht bereits in der Vorbereitung gestärkt zu haben. Phillip Schwarzer sorgte jedoch dafür, dass solche Grübeleien nicht die Oberhand gewannen.

Phillip Schwarzer unterstützt Jonas Bauer in zwei Punkten, um die Zusammenarbeit zwischen den Vertriebsabteilungen zu stärken:

1) **Maßnahmen ableiten**
2) **Umsetzung begleiten**

1) **Maßnahmen ableiten**
   a) **Interkulturelles Training** für das deutsche Team von Jonas Bauer
      Das Seminar dauert zwei Tage und hat das Ziel, grundlegende Kommunikations- und Verhaltensstrukturen der USA vorzustellen. Es soll auch das gelernte Wissen mit den bekannten deutschen Mustern verglichen werden. Zielsetzung ist es, wichtige Informationen für die deutsch-amerikanische Zusammenarbeit nachzureichen. So kann das deutsche Team die Erwartungen der amerikanischen Kollegen besser verstehen und den eigenen Auftritt bewusst gestalten.
      Jonas Bauer überlässt es Phillip Schwarzer, die Inhalte für das interkulturelle Training zusammenzustellen. Herr Schwarzer findet es wichtig, dass sich die Veranstaltung um eine Kombination aus Training und Aufarbeitung der bisherigen Praxiserfahrungen mit den amerikanischen Kollegen dreht. Er bereitet deshalb ein Format mit mehreren Bausteinen in Form von Teamcoaching vor.

Beflügelt durch die positive Resonanz in seinem Team, schlägt Jonas Bauer seinem amerikanischen Kollegen Toni Brewster eine ähnliche Maßnahme vor. Er denkt an den Schwerpunkt „deutsche Arbeitskultur".

Toni reagiert merklich skeptisch. Er meint: „Glaubst Du, man kann sich das Verhalten unterschiedlicher Menschen durch ein Seminar über die Landeskultur erklären? Es sind alles einzelne Persönlichkeiten." **Toni äußert** sich sogar offen besorgt über das in Deutschland stattgefundene Seminar über die USA, als er fragt: „Was habt ihr gelernt? Landeskunde – oder nur Vorurteile über die USA? Sind wir alle Cowboys und kauen Kaugummi?"

Jonas berichtet ausführlich von den Inhalten, die Toni sichtlich positiver stimmen. Es gelingt Jonas jedoch nicht, Toni vom Nutzen eines interkulturellen Trainings zu überzeugen.

   b) **Virtueller Kick-off-Workshop** für beide Teams in den USA und Deutschland
      Das virtuelle Treffen ist eine Kombination aus Videokonferenz und Teamentwicklungsworkshop. Ziel ist es, die emotionale Arbeitsgrundlage für alle Kolleginnen und Kollegen zum gemeinsamen Projekt (und zur angestrebten Kooperation) anzubieten, bei der sowohl Sachinformationen zum gemeinsamen Ziel fließen als auch den Aspekten „Gegenseitiges Kennenlernen" und „Motivation durch Spaß" Raum gegeben wird. Der virtuelle Kick-off-Workshop dauert zwei Stunden und findet nach amerikanischer Ostküstenzeit um 9:00 Uhr, d. h. in Deutschland um 15:00 Uhr, statt. Die Moderation

übernimmt Carolyn, eine Kollegin aus dem Team von Toni Brewster. Jonas Bauer nimmt auf den Rat von Philipp Schwarzer hin das Kick-off zum Anlass, eine schon lange geplante Dienstreise in die USA anzutreten. Er ist deshalb auf der amerikanischen Seite mit dabei.

2) Umsetzung begleiten

a) Durchführung und Moderation des Trainings

Das Team von Jonas Bauer freut sich auf das Seminar. Phillip Schwarzer stellt sich zwei Wochen vor der Durchführung als Moderator vor und bittet das Team, passend zu den vier Themenblöcken im Seminar Praxisfälle oder Praxissituationen aus der bisherigen Zusammenarbeit zusammenzustellen. Jeder im Team ist eingeladen, die Situation als Plakat zu gestalten: mit einem kurzen Text für die Beschreibung der Interaktion mit den amerikanischen Kollegen, der Darstellung der beteiligten Stakeholder und der persönlichen Einschätzung, was gut und nicht so gut in dem beschriebenen Moment der Zusammenarbeit verlaufen war. Diese „Critical Incidents" bilden das Rückgrat für die Arbeitsgruppen, lässt Phillip Schwarzer wissen. Von diesem Vorgehen fühlen sich alle im Team mit ihren konkreten Sorgen zur Zusammenarbeit mit dem US-Team gut abgeholt. Jonas Bauer erhält deshalb schon im Vorfeld viele positive Rückmeldungen.

Bei der Veranstaltung beginnt Phillip Schwarzer jeden Themenblock mit einem Impulsvertrag, um einen Einstieg in das Thema anzubieten. Die Mitarbeiter von Jonas Bauer hören aufmerksam zu und lernen,

- wie das amerikanische Kontaktverhalten ist,
- welche Vorstellung man in den USA von einem höflichen Gespräch hat,
- wie man Zustimmung und Ablehnung im Gespräch kommuniziert und
- wie man in den USA Vertrauen aufbaut.

Die Teilnehmer diskutieren jeden Punkt ausführlich in Gruppenarbeiten. Die gesammelten Erkenntnisse nutzen sie für die Interpretation der mitgebrachten Fälle und prüfen gemeinsam, ob die bisherige Einschätzung verändert werden sollte.

Phillip Schwarzer und Jonas Bauer unterstützen die Teilnehmer dabei, ihre Erlebnisse mit den US-Kollegen chronologisch zu sammeln und die Bewertungen vorzunehmen. Es zeigt sich: Fast alle Fallbeispiele stehen plötzlich unter einem positiveren Stern. Marion Gruber drückt die Meinung aller aus, als sie bei der Abschlussdiskussion sagt: „Ich habe überreagiert. Ohne fundiertes Wissen habe ich mir vorschnell eine Meinung über das Verhalten der Kollegen in den USA gebildet. Die meisten Eindrücke waren eher Vorurteile und Missverständnisse als echte Beobachtungen. Ein Glück, dass mir das Seminar die Augen geöffnet hat." Mit einem Blick auf Jonas Bauer sagt sie noch: „Gerade noch rechtzeitig, richtig?" Jonas Bauer schmunzelt, ohne etwas zu sagen.

In der Abb. 2.4 finden Sie die Agenda des Trainings.

Tag 1

9:00 Uhr Start in den Tag

Themenblock 1: Kontaktverhalten
USA im Vergleich zu Deutschland

Workshop 1: Team-Reflexion

Mittagspause

Themenblock 2: Höflichkeit
ausdrücken

Workshop 2: Team-Reflexion

17:00 Uhr Abschlussdiskussion

Tag 2

9:00 Uhr Start in den Tag

Themenblock 3: Konsens und
Dissens ausdrücken

Workshop 3: Team-Reflexion

Mittagspause

Themenblock 4: Vertrauen
aufbauen; Informationen teilen

Workshop 4: Team-Reflexion

17:00 Abschlussdiskussion

Abb. 2.4   Konzept interkulturelles Teamtraining

b) Umsetzung des virtuellen Kick-off-Workshops

Obwohl sich die Teams in den USA und Deutschland durch den Arbeitskontakt bereits kennen, sehen sich die meisten Mitarbeiter zum ersten Mal via Bildschirmübertragung, als die Videokonferenz beginnt. Das sorgt für einen unerwartet starken Effekt. Heimlich prüfen alle, ob das Bild von den Kollegen, das man sich bisher während der Telefonate und der Korrespondenz gemacht hatte, zu deren tatsächlichem Aussehen passt.

Der Workshop startet mit einer spielerischen Vorstellrunde: Jeder Mitarbeiter verknüpft mit dem Anfangsbuchstaben seines Vornamens eine charakteristische Eigenschaft, die er dem Team vorstellt. Carolyn präsentiert sich mit dem Satz: „I am Carolyn and I like cats more than dogs." Die anderen Kollegen folgen gut gelaunt und es kommt zu vielen spaßigen Aussagen. Dieser Einstieg sorgt für eine lockere Stimmung und liefert sympathische Informationen über die Kolleginnen und Kollegen.

Im Anschluss erklären Toni und Jonas das Projektziel gemeinsam. Sie hatten am Tag zuvor ein langes persönliches Gespräch und sind jetzt gut abgestimmt. Die beiden Manager zeigen auf zwei Flipcharts live gezeichnete Grafiken über den Nutzen der Zusammenarbeit beider Abteilungen für die Kunden und die Vertriebsabteilungen. Die Mischung aus Strategievortrag und Visualisierung veranschaulicht die Erklärungen. Der Programmpunkt ist mit 20 Minuten einerseits an den amerikanischen Geschmack angepasst (man bevorzugt kurze Vorträge und lange Diskussionen) und andererseits auf das Format „Videokonferenz" abgestimmt. Zu viel Kommunikation in nur eine Richtung ist hier nicht sinnvoll. Die guten Kameras der Videokonferenzanlage sorgen für klare Bilder von beiden Konferenzräumen – und somit intensive Impressionen – auf beiden Seiten des Atlantiks. Marion Gruber findet sogar: fast so intensiv wie im richtigen Leben. Der Ton funktioniert ohne Zeitverzögerung, so dass fast eine Gesprächsatmosphäre wie in einem Präsenzmeeting herrscht.

Im Anschluss folgt eine „Q and A Session" – also ein Programmpunkt, der den Fragen zum Projekt gewidmet ist. Ziel ist es, eine lebhafte Diskussion mit beiden Teams zu führen. Das gelingt: Es gibt zahlreiche Wortmeldungen und durch das Gespräch rückt die Gruppe weiter zusammen. Nicht nur die Antworten sind dabei eine wichtige Information. Man versteht durch die Qualität der Fragen auch plötzlich besser, welche Fragezeichen sich in den Köpfen der Kollegen bisher verbargen.

Toni stellt zum Abschluss das neue gemeinsame Laufwerk vor, auf dem künftig Daten, Arbeitspläne und andere wissenswerte Informationen hinterlegt werden können. Carolyn moderiert den Workshop professionell: Immer wieder bietet sie kurze Zusammenfassungen an. Sie achtet darauf, dass die Amerikaner langsames, deutliches Englisch sprechen und kleine Missverständnisse sofort geklärt werden.

Die Feedbackrunde am Ende spiegelt die gute Stimmung während des Workshops wider. Man ist sich einig: Mit dieser Veranstaltung ist man auf dem gemeinsamen Weg einen Schritt nach vorne gekommen. Termine wie diesen sollte es in der Zukunft bitte regelmäßig geben, wünschen sich die Kollegen. Obwohl das Thema „Kultur" nicht explizit auf der Agenda steht, lernen beide Seiten etwas über die gegenseitigen Erwartungen. Das gefällt allen.

In der Abb. 2.5 sehen Sie den Ablauf nochmals in der Kurzversion, die zuvor als Einladung an alle Teilnehmer versendet wurde.

Uhrzeit	Programmpunkt
9:00 Uhr	Vorstellrunde mit einem Wortspiel
9:45 Uhr	Strategievortrag mit Visualisierung
10:05 Uhr	Fragen und Antworten rund um den Projektnutzen
10:45 Uhr	Vorstellung gemeinsames Laufwerk
11:00 Uhr	Kurze Feedbackrunde und offizielles Ende

Abb. 2.5 Virtueller Kick-off-Workshop

4. Schritt: Im Rückspiegel – wie ging der Praxisfall weiter?

- Jonas Bauer hat seine Lektion gelernt: Er wollte zu schnell zu viel erreichen. Das ist ihm durch die Beratung schnell klar geworden. Im Rückblick findet er es unverständlich, dass ihm so ein Anfängerfehler unterlaufen ist. Auch im Kontakt mit einem deutschen Team ist es ein Erfolgsfaktor, erst einmal das gegenseitige Vertrauen aufzubauen. Die Erwartungen der Geschäftsleitung an das Projekt waren hoch. Vermutlich hatte er sich von dem „gefühlten Zeitdruck" zu sehr beeindrucken lassen.

- Alle Kollegen auf der deutschen Seite haben durch Schaden lernen müssen, dass es erhebliche Unterschiede in der deutsch-amerikanischen Wirtschaftskommunikation gibt. Sie haben verstanden, dass sich amerikanische Kollegen nicht aktiv mit kritischem Feedback melden. Sie handeln ab jetzt danach und sorgen für die nötige Rückkopplung durch gezielte Fragen.

- Diese gemeinsame Lernkurve löst im deutschen Team starkes Interesse für die Kultur „über dem großen Teich" aus: Das interkulturelle Training ist auch langfristig ein voller Erfolg, denn es sorgt für eine nachhaltige Sensibilisierung der Teilnehmer. Das Team setzt die erhaltenen Ratschläge konsequent im Alltag um. Die „Last" der Veränderung bleibt dabei dauerhaft auf den Schultern des deutschen Teams.

- Der virtuelle Workshop erweist sich als Erfolgsmodell. Er wird – mit adaptierten Inhalten – einmal im Monat durchgeführt. Das Format wird zur wichtigsten Informationsdrehscheibe für die beiden Abteilungen, denn das gemeinsame Laufwerk findet keine nachhaltige Aufmerksamkeit. Es wurden nur zu Beginn einige Dokumente eingestellt – aber es findet keine Aktualisierung statt. Schon nach wenigen Monaten war das Laufwerk ein „Datenfriedhof", der im Tagesgeschäft keine Rolle mehr spielte.

- Natürlich kommt es weiterhin zu kleinen Irritationen oder Unzufriedenheiten, denn beispielsweise schreiben die amerikanischen Kollegen ihre E-Mails im lässigen Stil. Das sorgt immer wieder mal für schlechte Laune im deutschen Team.

- Die Amerikaner bleiben auch bei der Lieferung von Daten die nächste Zeit noch zurückhaltend. Die Kooperation kommt trotzdem immer mehr in Gang. Erst als der Geschäftsführer der US-Landesgesellschaft einen klaren Auftrag erteilt, kommt der bilaterale Datenaustausch in Schwung.

- Gleichzeitig stabilisieren sich die kollegialen Kontakte zwischen den Teams immer mehr. Die amerikanischen Partner bemühen sich merklich, die Absprachen zu erfüllen. Sie haben verstanden: Zuverlässigkeit ist dem deutschen Team wichtig. Sie bleiben jedoch skeptisch, was generelle Erklärungen der deutschen Arbeitskultur angeht.

Haben Sie sich zwischenzeitlich über die Maßnahmen von Jonas Bauer eine Meinung gebildet? Der nächste Abschnitt beschreibt und beurteilt die gezeigten interkulturellen Kompetenzen im Praxisfall. Die Sammlung der Argumente ist keine abschließende Liste, sondern bietet Ihnen – in Ergänzung und Abrundung zu Ihren Eindrücken – ein Fazit aus meiner Sicht.

5. Schritt: Highlights and Lowlights im Praxisfall „Alle in einem Boot"

- Jonas Bauer hat sich selbstkritisch und offen der Rückmeldung seines Teams gestellt. Er war bereit, sein Verhalten auf den Prüfstand zu stellen. Durch die interkulturelle Beratung lernte er, wo die Schwierigkeiten in der Zusammenarbeit lagen. Er hat schnell reagiert und die Kommunikationsstörung professionell und umfassend bearbeitet.

- Das deutsche Team zieht mit: Der Kollegenkreis ist bereit, den Faktor „Kultur" als Erfolgsfaktor anzuerkennen und das eigene Verhalten zu verändern. Das ist eine konstruktive Haltung, die ein Lob verdient.
- Die amerikanischen Kollegen zeigen die typische gedankliche Distanz zu kultursensiblem Lernen. Trotzdem reagierten sie pragmatisch mit „give it a chance". Sie beantworten die Bemühungen der deutschen Kollegen positiv, so dass die Zusammenarbeit sich durch die investierte Energie auf der deutschen Seite tatsächlich verbessert. Der Zeitverlust im Projekt kann aufgeholt werden.
- Man muss es trotzdem als Lowlight betrachten, dass Jonas Bauer erst tiefere Recherchen angestellt hat, als sich Schwierigkeiten in der Zusammenarbeit mit den amerikanischen Kollegen ankündigten. Das ist kein umsichtiger Umgang mit seinem Team – und auch im Sinne der Zielerreichung des Projekts nicht hilfreich.

Was nehmen Sie mit?
Sie haben den Praxisfall von Jonas Bauer aus verschiedenen Perspektiven reflektiert. Bitte fassen Sie nun Ihre stärksten Eindrücke zusammen, um so Ihre Gedanken und Lernfortschritte zu dokumentieren. Das Arbeitsblatt hilft Ihnen dabei, in der Chronologie des Praxiskapitels vorzugehen:

Erster Schritt: Fortschritt durch Früchte

1) Pfirsich- und Kokosnusskulturen
....

2) Anwendung des Modells im konkreten Fall
....

Zweiter Schritt: Checkpoint/Kontrollpunkt

1) ....
2) ....

Dritter Schritt: Praxisgerechte Maßnahmen ableiten

1) Interkultureller Workshop für das deutsche Team
....
....

2) Gemeinsames Kick-off-Meeting mit den amerikanischen Kollegen
....
....

Fazit

Häufig werden die Kulturunterschiede zwischen den USA und Deutschland unterschätzt, dabei sind sie ein ernst zu nehmender Faktor für das Gelingen der Zusammenarbeit. Meist wird das – wie auch im Praxisfall – in Deutschland erst nach einer Phase massiver Störungen erkannt.

2.1.3 Praxisfall: Teamgeist schaffen

Praxisfall

Die Zusammenarbeit zwischen den Marketingteams in den USA und Deutschland im Unternehmen „Weitblick" läuft gut: Beide Seiten sind zufrieden mit den ersten Ergebnissen. Das gegenseitige Verständnis hatte sich eingestellt, weil sich alle Kollegen viel Zeit nahmen für Abstimmungsgespräche. Ein Besuch der Marketingleiterin, Daniela Sauter, und zwei der Teamleiter aus Deutschland im Büro in Atlanta intensivierte die Kooperation weiter. Frau Sauter ist mit den ersten Schritten zufrieden, trotzdem möchte sie jetzt – nach der gelungenen Kontaktaufnahme – den Zusammenhalt zwischen den Teams fördern. Sie hat das Gefühl, dass der Teamgeist noch verbesserungsfähig sei.

Frau Sauter vermutet richtig. Die Chemie zwischen den Kollegen stimmt und man findet sich gegenseitig sympathisch. Das amerikanische Team ist jedoch ab und zu über die deutschen Kollegen verwundert:

Mary-Ann und Justin verstehen die angstvolle, pessimistische Haltung der Deutschen nicht. Ständig machen die sich Sorgen über alles Mögliche. Ganze Gespräche drehen sich um potenzielle Barrieren bei Sachfragen. Fast jeder Vorschlag aus den USA wird mit einem sorgenvollen „Yes, but …" und dem Hinweis auf mögliche Herausforderungen kommentiert. Mary-Ann und Justin finden das demotivierend. Sind die Deutschen nicht erfahren genug in ihrem Sachgebiet und vielleicht überfordert – oder woher kommt diese Nervosität?

Zusätzlich verunsichert fühlen sich Mary-Ann und Justin vom gelegentlich rauen Umgangston der Deutschen untereinander: Während der Diskussionen in den Telefonkonferenzen fallen sie sich häufig gegenseitig ins Wort. Höflichkeit und gegenseitiger Respekt scheint den Deutschen nicht wichtig, denn direkte Kritik an der Vorgehensweise der anderen deutschen Kollegen wird ohne Umschweife geäußert.

Justin irritiert es zudem, dass manche Gesprächspunkte während der Videokonferenz zwischen den Münchnern auf Deutsch diskutiert werden. Sie bitten zuvor immer höflich um einen Moment des Zwiegesprächs in ihrer Muttersprache, trotzdem fühlt sich Justin von dieser Geheimniskrämerei ausgegrenzt.

Als Mary-Ann und Justin von ihren Eindrücken erzählen, sucht der amerikanische Marketingleiter John Coleman das Gespräch mit seiner deutschen Kollegin: „Wenn ich von diesen Eindrücken höre, denke ich: Wir sollten uns noch besser kennenlernen. Was meinst Du?"

Daniela Sauter hat natürlich keine Einwände. Ohne Blick auf die Schuldfrage möchte sie nach einfachen Lösungen für alle Beteiligten suchen. Wie soll sie vorgehen?

=> Aufgabenstellung und Problemanalyse

Die amerikanischen und deutschen Marketingabteilungen von „Weitblick" arbeiten bisher in gutem Einvernehmen zusammen. Die Kooperation ist noch jung. Aus der Sicht des US-Teams fallen die deutschen Kollegen immer wieder durch nicht erklärbares Verhalten auf.

Die Marketingleiterin in Deutschland möchte den Zusammenhalt zwischen den Teams weiter stärken, um echten Teamgeist zu stiften. Sie nimmt sich vor, die Irritationen aus dem Tagesgeschäft zu klären und künftig zu vermeiden.

Systematik: Direktheits-Filter einschalten

1. Schritt: Kommunikationsverhalten analysieren
2. Schritt: Checkpoint
3. Schritt: Praxisgerechte Maßnahmen ableiten
4. Schritt: Im Rückspiegel – wie ging der Praxisfall weiter?
5. Schritt: Highlights and Lowlights im Praxisfall „Direktheits-Filter einschalten"

Ihr Lernvorteil

Sie erfahren mehr darüber, worin sich das Führungsverhalten in Deutschland von dem in den USA unterscheidet.

Daniela Sauter ist eine tatkräftige Führungskraft – und bekennender USA-Fan. Sie begrüßt die Offenheit von John Coleman. Aufgrund ihrer Vorkenntnisse ist ihr klar, dass Johns Feedback ein Zeichen von großem Vertrauen zu ihr ist. Sie deutet seine Aussagen zutreffend als Wunsch nach einer engen, reibungslosen Zusammenarbeit.

Frau Sauter berät sich mit der Personalabteilung, welches Vorgehen sinnvoll ist. Sie kann die Irritation der amerikanischen Kollegen nachvollziehen, da sie einige Jahre in den USA gearbeitet hat. Trotzdem liegt es ihr fern, das eigene Team mit Kritik vor den Kopf zu stoßen.

Der Personalleiter von „Weitblick", Jörg Meier, fand es von Anfang an sinnvoll, für fundierte Informationen über die amerikanische Arbeitsweise im deutschen Team zu sorgen. Er hatte mit Frau Sauter ab dem Beginn der Kooperation über ein interkulturelles Training für die Marketingabteilung nachgedacht. Das Training wurde allerdings verschoben, als die Kontaktaufnahme so reibungslos verlief.

Herr Meier hatte unterschätzt, wie schnell sich – trotz der guten Stimmung – auf beiden Seiten Missverständnisse und somit auch Missstimmungen bilden können. „Es scheint so, als hätten mich die Ereignisse überholt", räumt Jörg Meier ein. Denn es ist nicht so, dass nur das amerikanische Team sich manchmal über die Deutschen wundert: Auch umgekehrt gibt es Überraschungen, wenn die Amerikaner mit einem unerwarteten Verhalten das deutsche Team zum Staunen bringen.

Daniela Sauter schmunzelt, als Herr Meier einräumt: „Es hat mir etwas an Weitblick gefehlt." „Ich bin mir sicher: Die verlorene Zeit holen wir durch eine effiziente Maßnahme wieder auf." Gesagt, getan.

Daniela Sauter gelingt es mit der Hilfe des Personalleiters, bereits zwei Wochen später eine erfahrene interkulturelle Trainerin für einen Workshop zu verpflichten. Jasmin Wächter erhält das Briefing, zwei Themenblöcke mit dem Team zu diskutieren.

1. **Schritt: Kommunikatonsverhalten analysieren**
   a) **Kommunikationsverhalten in einem deutschen Team**
   Jasmin Wächter stellt den zwölf deutschen Marketingkollegen den Begriff der Kulturstandards vor.

Hintergrundwissen zur interkulturellen Kommunikation[5]

Im Laufe unserer Sozialisation erwerben und verinnerlichen wir eine Vorstellung davon, welches Verhalten wir für uns selbst und andere als normal oder selbstverständlich betrachten. Das betrifft das Privatleben und das Berufsleben. Die Wissenschaft spricht von einer unbewussten Programmierung, die unsere Handlungen steuert und prägt: den Kulturstandards.

Erst im Kontakt mit Menschen einer anderen Kultur (d. h. einer anderen Sozialisation) werden wir auf diese Unterschiede hingewiesen. Da im interkulturellen Kontakt übliche Lösungsstrategien bei Missverständnissen oder Unzufriedenheit mit den Gesprächs- oder Verhaltensresultaten für die Sprecher nicht zur Verfügung stehen oder – im schlimmsten Fall – negativ interpretiert werden, kommt es häufig zu Kommunikationsstörungen. Um diese zu vermeiden, ist man dazu übergegangen, die Kulturstandards in interkulturellen Trainings anhand von Praxisbeispielen zu formulieren, zu erklären und zu vermitteln.

Die Forschungsrichtung bestreitet nicht, dass Kulturstandards in die Richtung von Stereotypen gehen. Die Vorteile überwiegen jedoch, weil das Konzept dabei hilft – hoffentlich vorurteilsfrei –, spezifische Situationen zu analysieren und erklären.

Nachdem das Marketingteam das Konzept der „Kulturstandards" seine Grenzen diskutiert und verstanden hat, stellt Jasmin Wächter einige Besonderheiten der deutschen (Arbeits) Kultur vor:

• In Deutschland wird gerne klar und deutlich darüber gesprochen, „was Sache ist". Wir vermeiden eine blumige Sprache oder Andeutungen, um ein Thema unmissverständlich darzulegen. Experten nennen unsere Art der Kommunikation deshalb „kontextschwach". Diese „Direktheit" ist außergewöhnlich im Vergleich zu fast allen anderen Kulturen der Welt – und ein deutlicher Unterschied zum amerikanischen Kommunikationsverhalten. Hier gilt der Kulturstandard „Indirektheit". Missverständnisse sind also vorprogrammiert. Damit ist gemeint: Amerikaner finden Deutsche unhöflich, weil negative Themen auch ohne Not angesprochen und feinmaschig analysiert werden. Deutsche finden hingegen, Amerikaner reden „um den heißen Brei herum", legen sich – so scheint es uns – ungern fest und sprechen am liebsten über „die schöne heile Welt". Nicht selten ver-

---

[5]Thomas, A. (2014a, b).

stehen Deutsche nicht gut, welches Thema Amerikaner in einer Gesprächssituation andeuten und damit in ihrer „Sprache" klar ansprechen. So gehen uns Botschaften verloren – und wir wirken im schlimmsten Fall „langsam im Kopf".

- Deutsche Sprecher fallen durch ihre ausgeprägte Sachorientierung auf. Das bedeutet, dass wir beim Austausch von Argumenten wenig(er) Rücksicht auf die Beziehung zum anderen Sprecher nehmen. Im Vergleich mit den USA wird dies deutlich, wo im Zweifelsfall lieber eine Notlüge aufgetischt wird, als die Gesprächssituation durch negative Botschaften zu strapazieren.

Legendär geworden ist der amerikanische Gruß „How are you?", auf den man – wenn überhaupt – bitte positiv (und kurz) antwortet. Alles andere wäre unhöflich, denn es ist verpönt, die eigenen Sorgen ohne Einladung bei anderen abzuladen. Damit belastet man die Beziehung und zeigt, dass man die sozialen Spielregeln nicht versteht. Deutschen kommt das unsinnig und oberflächlich vor, denn für uns steht der Sachverhalt im Mittelpunkt. Eine Unterhaltung „nur" aus Gründen der Höflichkeit zu führen, ist für uns tendenziell Zeitverschwendung. Selbst wenn wir einen anderen Sprecher verärgern wie bei einem verbalen Schlagabtausch, legen wir Wert darauf, dass es sich um „nichts Persönliches" handelt, sondern um einen Beitrag zu einer sachlichen Fragestellung. Die meisten anderen Kulturen finden die bei uns praktizierte Trennung von Sache und Person künstlich oder sogar unmöglich. Deutsche hingegen erleben dieses Konzept als Entlastung im (Arbeits)Alltag.

- Unser Umgang mit dem Sprecherwechsel in Gesprächen in Deutschland zeigt ebenfalls ein Alleinstellungsmerkmal: Formal gilt es auch in Deutschland als unhöflich, jemandem das Wort abzuschneiden oder sie/ihn zu unterbrechen. Im Alltag – besonders in nachdrücklich geführten Gesprächen am Arbeitsplatz – wird diese Regel nicht selten außer Kraft gesetzt. Normalerweise belasten wir dadurch die Beziehung nicht ernsthaft. Amerikaner empfinden uns in solchen Momenten jedoch als echte „Gesprächsrowdys". Sie reagieren mit ausgeprägter Verärgerung, wenn ihr Redefluss behindert wird. Nicht selten leidet die Wertschätzung für deutsche Geschäftspartner, ohne dass wir uns dessen bewusst sind.[6]

Nach dem fachlichen Input gibt Jasmin Wächter den Teilnehmern die Chance, ihr individuelles Gesprächsverhalten einzuschätzen. In der Abb. 2.6 sehen Sie, was als Durchschnittswert für das Team zu den Aspekten „Direktheit" und „Sachorientierung" rückgemeldet wurde: Die Abteilung schätzt sich als sehr direkt ein (Wert: 8) und sogar noch sachorientierter (Wert: 9).

Bei der Ergebnisbesprechung herrscht schuldbewusste Heiterkeit, denn das Marketingteam fühlt sich von Jasmin Wächters zuvor gehaltenem Vortrag perfekt beschrieben. Alle Kollegen denken darüber nach, welchen Eindruck sie bei dem Team in Atlanta hinterlassen haben. Vermutlich wirkte das deutsche Kommunikationsverhalten unhöflich und prinzipienverliebt. Das war noch verbesserungsfähig und so will man am gelungenen Auftritt des Teams gemeinsam feilen.

---

[6] Müller, S. (2003); Thomas, A. & Utler, A. (2013); https://www.ikud.de/glossar/kulturstandards-alexander-thomas.html. Zugegriffen am 22.02.2019.

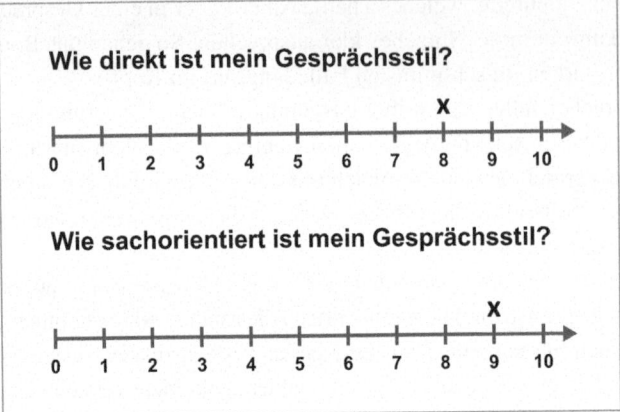

Abb. 2.6 Selbsteinschätzung Teilnehmer

b) **Vergleich mit dem US-amerikanischen Gesprächsverhalten**

Jasmin Wächter freut sich, dass die Teilnehmer die Sensibilisierung zur eigenen „kulturellen Programmierung" positiv annehmen. Sie kommt nun zum zweiten Inhaltspunkt, denn jetzt erklärt sie zwei Herzstücke des amerikanischen Sprechverhaltens.

Optimistische Grundhaltung in den USA

In den USA gilt es als besonders kompetent, auf die Herausforderungen des Alltags- und Berufslebens mit einer positiven Grundhaltung zu reagieren. Man befasst sich erst einmal mit den Chancen einer Situation, bevor man freiwillig über mögliche Störungen im Ablauf und deren Bewältigung spricht. Amerikaner nennen das gerne „amerikanischen Optimismus".

In der Praxis bedeutet das, dass man auf Risikoeinschätzungen argumentativ verzichtet. Aus amerikanischer Sicht dient diese bewusste Reduktion der Realität der Motivation aller Teilnehmer (z. B. zu Projektbeginn). So baut man Momentum auf: Man bündelt alle Kräfte. Unmögliches wird möglich und Spitzenleistungen geraten in das Blickfeld normaler Menschen.

In Deutschland ist es jedoch gewünscht, sich von Anfang mit den möglichen Stolpersteinen auf dem Weg zum Erfolg ausführlich zu befassen. So werden wir unserem Anspruch an Ernsthaftigkeit und Seriosität gerecht: Wir fühlen uns wohler, wenn wir jedes Risiko im Keim durch eine kompetente Planung ersticken. Es geht uns darum, potenzielle Herausforderungen zu erkennen und schon im Vorfeld mit Gedankenarbeit zu begegnen. Ziel ist es, frühzeitig unsere ideale Reaktion abzuwägen. Das ist unsere Vorstellung von Weitblick.

Für Amerikaner ist dies eher eine inkompetente Überreaktion auf die nicht planbaren Herausforderungen des Lebens. Unser Verhalten wirkt ängstlich auf unsere Partner aus den USA statt professionell (wie es unsere Absicht ist).

Betonung positiver Aspekte in den USA

Als Konsequenz der oben beschriebenen optimistischen Grundhaltung organisieren sich Amerikaner sprachlich anders als Deutsche: In den USA tauscht man mehr positive Inhalte aus als in Deutschland. Natürlich ist der Alltag auch in den USA mit kleinen Anstrengungen gespickt. Man geht jedoch anders damit um: Im Idealfall begrenzt man *alle* Gespräche auf den Austausch unkomplizierter und erfreulicher Themen.

Unter Kollegen oder im Rahmen einer oberflächlichen Bekanntschaft belastet man die Beziehung nicht unnötig mit kritischen Reflexionen oder Hinweisen auf die problematischen Aspekte. Alles andere – wie beispielsweise Hinweise zu Schwachstellen oder gut gemeinte, aber nicht nachgefragte Ratschläge – betrachtet man als unattraktive Stimmungskiller.

Nur in tiefergehenden, persönlichen Beziehungen öffnet man sich mehr und geht auf Sorgen oder Probleme ein. Auch hier achtet man jedoch immer darauf, nicht „zu problemorientiert" aufzutreten, und spricht bekanntlich lieber von „Herausforderungen".

> **Praxistipp Happy End**
>
> Gut gelungene Geschichten in den USA enden mit einem Happy End. Selbst wenn Sie Ihren Kollegen im Büro von Ihrer defekten Waschmaschine berichten, erwartet man einen positiven Blickwinkel von Ihnen. Die anstrengenden Höhen und Tiefen der Verhandlung mit dem Handwerker blendet man lieber aus. Viel lieber spricht man darüber, dass nach der kleinen Überschwemmung das Chaos zu Hause schon fast wieder beseitigt ist – und man alles im Griff hat.

Das Ziel eines Gespräches in den USA ist deshalb weniger die Wahrheitsfindung.

Es geht vielmehr darum, eine angenehme Gesprächsatmosphäre zu schaffen und zu erhalten. Dies erreicht man durch sprachliche „Indirektheit" in Bezug auf unerfreuliche Themen. Man möchte die andere Seite ermutigen, die gute Stimmung durch einen freundlichen verbalen Austausch stabilisieren und kontinuierlich ein positives Grundgefühl zum Leben herstellen.

„Schwierige" Themen erfordern ein Mandat oder einen bestimmten Kontext – also eine Sprecherlaubnis, weil man beispielsweise die Führungskraft ist, als Kunde eine Reklamation meldet oder als Freundin oder Kollege um die Analyse einer Situation gebeten wurde.[7]

Für Deutsche ist diese Konzentration auf das Happy End geradezu ein Kraftakt. Besonders im Berufsleben möchten wir uns – durch unsere hohe Sachorientierung – mit der (gemeinsam) festgestellten Realität befassen, um so ideale Ergebnisse zu erzielen.

Als Folge verbringen wir am Arbeitsplatz viel Zeit mit dem Austausch negativer Sprechinhalte, da man mit bereits gelösten Problemen seine Zeit nicht mehr „verschwenden" möchte. Das kann sich bei uns auch manchmal auf die Stimmung niederschlagen, führt aber selten zu einer ernsthaften Verhaltensänderung.

---

[7] Thomas, A. (1999).

Amerikaner finden es sinnvoller, die Motivation aller Beteiligten hoch zu halten, um erfolgreich zu sein. Dieser Unterschied sorgt in der Interaktion beider Kulturen häufig für Missverständnisse und ein Gefühl von gegenseitiger Unzufriedenheit mit der jeweils anderen Seite.[8]

Die Trainerin Jasmin Wächter blickt in große Augen, als sie sich während ihrer Erklärungen im Teilnehmerkreis umsieht. Die Mitarbeiter von Daniela Sauter hatten im Geiste bereits einzelne Kommunikationssituationen mit den Amerikanern analysiert. Jetzt sprudeln die Erkenntnisse zum aktuellen Status hervor:

Ricarda Schmuck und Daniel Schneider besprechen offen mit der Gruppe, dass ihre Art der Risikodiskussion – auf der Basis des nun gewonnenen Wissens – vermutlich auf die amerikanischen Kollegen ängstlich wirkt. Zwar ist es nicht so gemeint: Man wolle nur sichergehen, dass alle Herausforderungen im Projekt im Vorfeld bedacht waren, bevor man loslegte. Das ist man sich selbst, dem Team und dem Unternehmen schuldig. Hier nicken die anderen Teammitglieder zustimmend.

Alle räumen ein, dass diese Art der problemzentrierten Kommunikation von außen betrachtet nicht souverän wirken kann, weil man jeden Schritt im eigenen Vorgehen penibel hinterfragt.

Lachend geben Ricarda und Daniel zu, dass sie pro Telefonkonferenz um die 50 Mal „Yes, but …" nutzen, um ihre Sätze einzuleiten. Sie wollen einfach einen Gedanken der Amerikaner ergänzen oder auf ein zusätzliches Argument hinweisen. Jetzt sehen sie ein, dass dies unhöflich wirkt.

Daniela Sauter nickt und denkt an den Bericht von John Coleman von seinem Team in den USA.

Textbeispiel aus dem Praxisfall

Mary-Ann und Justin verstehen die angstvolle, pessimistische Haltung der Deutschen nicht. Ständig machen die sich Sorgen über alles Mögliche. Ganze Gespräche drehen sich um potenzielle Barrieren. Fast jeder Vorschlag aus den USA wird mit einem sorgenvollen „Yes, but …" und dem Hinweis auf mögliche Herausforderungen kommentiert. Mary-Ann und Justin finden das demotivierend. Sind die Deutschen nicht erfahren genug in ihrem Sachgebiet und vielleicht überfordert – oder woher kommt diese Nervosität?

Stephanie Steuerer und Peter Braun, zwei andere Kollegen, stimmen sich kurz ab und packen dann das nächste Themenfeld an: Die beiden analysieren ihre Gesprächskultur und stellen heraus, dass auch sie sich häufig unterbrochen fühlen. Kein Wunder, dass die amerikanischen Kollegen sich Gedanken um die Höflichkeit im deutschen Team machen.

Herr Braun findet es wichtig, dass man sich im Meeting direkt Feedback gibt. Das ist für den Qualitätsstandard im Team von entscheidender Bedeutung. Man könne doch nicht nur aus kollegialer Freundlichkeit mit der zweitbesten Lösung zufrieden sein, sagt er mit fragendem Blick zu Jasmin Wächter.

---

[8] Müller, S. (2003).

Die Antwort kommt prompt – aber von den anderen Teilnehmern: „Stimmt genau. Etwas mehr Höflichkeit und ins Wort gebrachte gegenseitige Wertschätzung kann uns bei den Diskussionen trotzdem nicht schaden", ist die gemeinsame Auffassung nach einer kurzen Debatte. Falls dies den amerikanischen Umgangsformen mehr entgegenkam: umso besser!

Textbeispiel aus dem Praxisfall

Zusätzlich verunsichert fühlen sich Mary-Ann und Justin vom gelegentlich rauen Umgangston der Deutschen untereinander: Während der Diskussionen in den Telefonkonferenzen fallen sie sich häufig gegenseitig ins Wort. Höflichkeit und gegenseitiger Respekt scheint den Deutschen nicht wichtig, denn direkte Kritik an der Vorgehensweise der anderen deutschen Kollegen wird ohne Umschweife geäußert.

Susanne Neumann, Birgit Huber und Andreas Gruber regen den nächsten Gesprächspunkt in der Selbstreflexion des Teams an: „Wir sprechen immer ab und zu eine kurze Sequenz im Meeting auf Deutsch miteinander. Das passiert, wenn uns der Wortschatz auf Englisch ausgeht oder wir nicht wissen, wie wir uns am besten ausdrücken sollen. Vermutlich wirkt unser ‚kleiner deutscher Kriegsrat' nicht so, als wären uns die amerikanischen Kollegen in diesem Stadium der Diskussion willkommen."

„**Selbst wenn wir vorher** um Erlaubnis bitten, wirken wir kauzig. Mit unserem Verhalten übernehmen wir indirekt eine Machtposition, weil wir die Informationen vor den amerikanischen Kollegen filtern. Das fällt mir erst jetzt beim gemeinsamen Nachdenken auf", sagt Susanne Neumann mit merklichem Bedauern in der Stimme. Das Team beschließt auch zu diesem Punkt, künftig sensibler zu handeln.

Textbeispiel aus dem Praxisfall

Justin irritiert es zudem, dass manche Gesprächspunkte während der Videokonferenz zwischen den Münchnern auf Deutsch diskutiert werden. Sie bitten vorher immer höflich um einen Moment des Zwiegesprächs, trotzdem fühlt sich Justin von dieser Geheimniskrämerei ausgegrenzt.

Jasmin Wächter fasst alle Diskussionsergebnisse am Ende des Trainings in einer Tabelle zusammen (Tab. 2.1).

2. Schritt: Checkpoint/Kontrollpunkt

Ihr Lernvorteil

Nutzen Sie diesen Abschnitt, um Ihre Eindrücke zum Praxisfall zusammenzufassen. Reflektieren Sie, ob Sie sich der Meinung der Protagonistin anschließen oder ob Sie eine andere Auffassung zur Situation im Team haben.

Tab. 2.1 Gesprächsverhalten USA und Deutschland im Vergleich

USA	Deutschland
Optimistische, harmonische Gesprächsatmosphäre, die Harmonie anstrebt, auch wenn wichtige Sachthemen zu klären sind	Themenorientierte/problemorientierte Gesprächsatmosphäre, die auch ohne Harmonie auskommt, weil die Sachthemen im Vordergrund stehen
Indirekter Kommunikationsstil	Direkter Kommunikationsstil
Personenorientierte Kultur	Sachorientierte Kultur
Lösungsorientiert	Analyse- und lösungsorientiert
Vermeidet es, Sprecher zu unterbrechen	Toleriert es, wenn Sprecher unterbrochen werden[a]

[a]Müller, S. (2003); nach Thomas, A. (1999, 2008)

Kulturnavigator

1) Wie schätzen Sie die Bedürfnisse von Daniela Sauter ein?
....
....

2) Wie beurteilen Sie das Vorgehen von Daniela Sauter und ihrem Team?
....
....

3) Welche Veränderungen in der Zusammenarbeit schlagen Sie vor?
....
....

2.1.4 Kultursensible Handlungsoptionen mit Empfehlung

Das Team von Daniela Sauter nimmt die folgenden Erkenntnisse aus dem Training mit:

▶ Selbst- und Fremdwahrnehmung liegen seit der Veranstaltung näher zusammen.
▶ Das Verhalten der Kollegen im deutschen Team lässt sich durch die interkulturelle Kommunikation zutreffend erklären. Sie sind sicher, dass das Gelernte sie bei der Verbesserung der Zusammenarbeit weiter unterstützen wird.

Frau Sauter liegt viel daran, konkrete Verbesserungen im Verhalten zu finden. Gute Absichten alleine sind der erfahrenen Führungskraft noch nicht genug. Sie möchte gemeinsam mit den amerikanischen Kollegen zum Ziel kommen. Durch ihre Anregungen entschließt sich das Marketingteam zu diesem Aktionsplan:

3. **Schritt: Praxisgerechte Maßnahmen ableiten**

Ihr Lernvorteil

Sie erfahren, wie Sie kleine Verhaltensveränderungen in Ihrem Alltag einbauen können, um im Kontakt mit amerikanischen Gesprächspartnern einen noch positiveren Eindruck zu hinterlassen. Im Mittelpunkt stehen Soft Skills, mit denen Sie die Beziehung stärken.

Das Marketingteam aus München hat im Training erst einmal nur Vermutungen gesammelt, wie die amerikanischen Kollegen die Zusammenarbeit einschätzen. Der Bericht von John Coleman über die Wahrnehmung seiner Mitarbeiter steht ebenfalls für die Interpretation zur Verfügung.

Ricarda Schmuck bringt es mal wieder für alle auf den Punkt, als sie sagt: „Es nervt mich, dass ich wir uns um die gute Zusammenarbeit kümmern müssen: *Wir* machen ein Seminar und *wir* denken über die Umsetzung im Alltag nach. Die Amerikaner machen offensichtlich noch nichts und beklagen sich lediglich. Es muss jemand den ersten Schritt gehen in Richtung Verständigung. Ich bin also gerne dabei. Wir müssen aber die Meinung der US-Kollegen zur Zusammenarbeit einbeziehen."

Die Kritik von Ricarda Schmuck leuchtet Frau Sauter ein. Um das amerikanische Team ins Boot zu bringen, schlägt Daniela Sauter deshalb vor: Die Praktikantin des deutschen Teams könnte mit allen Kollegen in den USA und Deutschland eine kurze Befragung organisieren. Die Ergebnisse sollen als Startpunkt für den Diskurs genutzt werden. So erhalten beide Teams eine Plattform, um Verbesserungen anzuregen.

Eine gute Idee, findet das Team von Frau Sauer – und auch John Coleman und seine Gruppe sind einverstanden. In Abb. 2.7 sehen Sie die sogenannte Klimabefragung (im Original in englischer Sprache). Sie zeigt die Ergebnisse aus beiden Teams, die in der Auswertung bewusst nicht nach Ländern unterschieden wurden.[9]

Wie zufrieden sind Sie aktuell mit der Zusammenarbeit zwischen unseren Teams?

sehr zufrieden	3
zufrieden	4
geht so	11
nicht sehr zufrieden	7
überhaupt nicht zufrieden	----

Was möchten Sie zukünftig gerne noch besser machen?

-Mehr Akzeptanz für die Lösungen beider Länder (7)
-Bessere Stimmung in den Video- und Telefonkonferenzen (7)
-Mehr Motivation im Team (5)
-Mehr Spaß bei der Zusammenarbeit (5)

Abb. 2.7 Befragungsergebnisse Zusammenarbeit

---

[9]Müller, S. & Küntscher, R. (2001).

27 Personen aus beiden Teams nahmen an der Befragung teil:

► Zwölf Mitarbeiter aus München mit der Führungskraft
► 13 Mitarbeiter aus Atlanta mit der Führungskraft

Zwei Drittel der Befragten sind „nicht sehr zufrieden" oder haben sich für „geht so" entschieden. John Coleman und Daniela Sauter geben als die zuständigen Führungskräfte die Auswertung sofort an ihre Teams weiter. In einer Videokonferenz diskutiert und interpretiert der Kreis das Ergebnis. Daniela Sauter ist entschlossen, die passenden Instrumente zu finden, damit die Zusammenarbeit sich aus der Sicht aller verbesserte:

Trefferliste „Ja, aber …"
Justin und Mary-Ann legen den ersten Vorschlag vor: Sie wollen eine „Ja, aber …- Trefferliste" einführen. In jedem Telefonat oder Videokonferenz zählen alle Teilnehmer die Nennungen von „Yes, but …". Die Kollegin oder der Kollege mit den niedrigsten Werten im Wettbewerb soll einen kleinen Preis erhalten. Jedes Match geht bis zu 20 Punkten, entscheidet man gemeinsam lachend, damit alle eine Chance auf den Gewinn erhalten (Abb. 2.8).

Optimismus-Barometer
Gleich im Anschluss legen die deutschen Kollegen nach: Ricarda Schmuck und Peter Braun schlagen das Optimismus-Barometer vor. Peter hat zur Illustration ein kleines Wetterhäuschen in die Videokonferenz mitgebracht. Sein Vorschlag besteht darin, dass am Ende jeder Telefon- oder Videosession das aktuelle Feedback zum „gefühlten Optimismus in der Runde" von den Teilnehmern abgegeben wird. Als Skala schlägt Peter Braun einfache Begriffe aus der Meteorologie vor, die für drei Stimmungslagen stehen:

• Sonne für Optimismus und Motivation in der Runde
• Wolken für ein kleines Stimmungstief zwischen den Kollegen im Meeting
• Gewitter für Pessimismus und schlechte Stimmung im Team

Trefferliste „Ja, aber/Yes, but…"

Ricarda	Peter	Justin	Mary-Ann	Daniela	Jim	….

Abb. 2.8 Trefferliste „Ja, aber …"

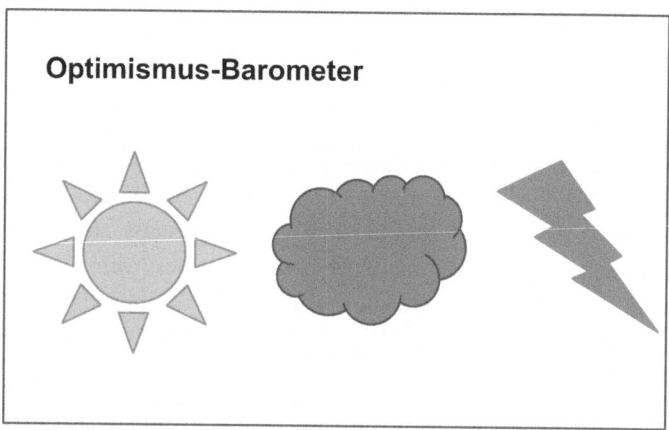

Abb. 2.9 Optimismus-Barometer

Das gefällt den deutschen und ganz besonders den amerikanischen Kollegen. Lachend stimmen sie zu, den „Wetterbericht" zuverlässig und ehrlich abzugeben (Abb. 2.9).

Kommunikations-Treiber
Der letzte Vorschlag kommt von John Coleman. Er hat durch die Gespräche mit Daniela Sauter verstanden, dass die amerikanische Höflichkeit für die deutschen Kollegen manchmal kompliziert oder auch geradezu „undurchsichtig" wirkt. Den Deutschen liegt viel an klaren Worten, die jeder – ohne Interpretationsspielraum – versteht. Immerhin sprechen die Marketingkollegen aus dem Büro in München die ganze Zeit in einer Fremdsprache. John findet deshalb, die beiden Teams brauchen einen „Kommunikations-Treiber".

Darunter stellt er sich vor, dass jeder im Team abwechselnd gedanklich den „Hut des Gesprächsmoderators anziehen" solle. Diese Person hat für ein Gespräch die Aufgabe, auf unpräzise Aussagen, möglicherweise unklare Höflichkeitsfloskeln oder umgangssprachliche Begriffe hinzuweisen. Für die Gruppe ist es so leichter, Verständnisunterschiede festzustellen. Man kann gemeinsam die Begriffe erklären, so dass alle im Meeting am Ende den gleichen Informationsstand haben. Die Verwaltung der „Ja, aber …-Liste" könnte für das Meeting von der gleichen Person übernommen werden.

Das deutsche Team ist John aufrichtig dankbar. Ricarda Schmuck möchte den Anfang machen und die Aufgabe schon in der nächsten Videokonferenz übernehmen – also „sich den Hut als Kommunikations-Treiberin aufsetzen". „Das nennt man gutes Teamwork", sagt John zufrieden, als seine Leute ohne Zögern zustimmen.

4. Schritt: Im Rückspiegel – wie ging der Praxisfall weiter?
- Die beiden Teams setzen die drei beschlossenen Instrumente sofort bei den Telefon- und Videokonferenzen ein. Daniela Sauter hat zu Beginn Bedenken, ob sich alle Kolleginnen und Kollegen mit dem Vorgehen wohlfühlen würden. Diese Sorgen verfliegen jedoch schnell: Niemand empfindet es als zwanghaft, die Äußerungen der anderen zu beobachten oder selbst beobachtet zu werden. Die Instrumente sorgen eher für einen spielerischen Umgang miteinander und damit für deutlich mehr Fröhlichkeit in

den Gesprächen. Nicht nur am Ende der Besprechungen, auch zwischendurch kommt es immer wieder zu lustigen Anspielungen. Das lockert die Stimmung auch bei anspruchsvollen Themen auf. Das gefällt allen Beteiligten – ohne Bezug auf die Kultur.

- Das Optimismus-Barometer bleibt in der Dauernutzung: Es wird schnell eine geschätzte Tradition zwischen den Teams, am Ende eines jeden Kontakts gemeinsam abzuwägen, ob die Stimmung im Gespräch mit „Sonne, Wolken oder Gewitter" zu beschreiben ist. Das abgegebene Feedback wirkt konstruktiv, aber offen auf alle. Das Vertrauen wächst. Auf dieser Grundlage fällt es allen Gesprächsteilnehmern leichter, ohne Scheu Verbesserungsvorschläge vorzubringen. Schon bald gehen die Anregungen weit über Fragen zur Gesprächsatmosphäre hinaus. So sorgt das Optimismus-Barometer für ein starkes Qualitätsbewusstsein in der Zusammenarbeit.
- Die Zusammenarbeit zwischen den Abteilungen festigt sich im Laufe eines Jahres immer mehr. Daniela Sauter und John Coleman entwickeln mit ihren Teams einige Marketing-Kampagnen gemeinsam, die viel Aufmerksamkeit erhalten. Sogar einen Agentur-Wettbewerb gewinnen sie: Zusammen erhalten sie einen Preis für die kreativste Website des Jahres. Sie finden rückwirkend: „Zwischen uns und dem Erfolg standen am Anfang nur kleine Stolpersteine. Ein Glück, dass wir sie finden und ausschalten konnten – sonst hätte es mit der Zusammenarbeit vielleicht nicht so gut geklappt."

5. **Schritt: Highlights and Lowlights im Praxisfall „Teamgeist schaffen"**

Sie haben die Vorgehensweise von Daniela Sauter auf den letzten Seiten kennengelernt. Der nächste Abschnitt beschreibt und beurteilt die gezeigten Stärken und Schwächen im Vorgehen im Praxisfall. Die Sammlung der Argumente ist keine abschließende Liste, sondern bietet Ihnen – in Ergänzung und Abrundung zu Ihren Eindrücken – ein Fazit aus meiner Sicht.

- Das Vertrauensverhältnis zwischen Daniela Sauter und John Coleman ist die ideale Grundlage für die Zusammenarbeit der Teams. Ohne Johns offenes Feedback über die Missstimmungen seines Teams hätte Frau Sauter nicht so gezielt mit einem Seminar reagieren können. Frau Sauter zeigt sich erfreulich pragmatisch: Ohne eine Debatte im Team über die „Schuldfrage" zuzulassen, beseitigt sie das Informationsdefizit der deutschen Kollegen.
- Aus meiner Praxis als Beraterin und Trainerin weiß ich, dass amerikanische Unternehmen selten in interkulturelle Trainings investieren. In den USA erklärt man Kommunikationsstörungen in erster Linie mit der Person, nicht mit der Kultur. Frau Sauter gelingt es jedoch sehr gut, die Abteilung in den USA für die Themen zu interessieren.
- Die offene Haltung des deutschen Teams fällt ebenfalls positiv auf: Sie haben im Training offen darüber reflektiert, wie direkt sie selbst ihre Kommunikation einschätzen. Darüber hinaus erfahren sie im Training, dass der intensive Diskurs über Risiken auf Amerikaner einen schlechten Eindruck macht. Das Team reagiert jedoch nicht mit Schutzargumenten. Es findet vielmehr Freude daran, sich auf die Herausforderungen einzulassen. Mehr kann man nicht erwarten.

- Als Lowlight muss man das Zögern der Personalabteilung bezeichnen, ein interkulturelles Training durchzuführen. Das hätte im schlimmsten Fall zum Scheitern der Kooperation führen können.

Fazit

- Den beiden Führungskräften aus den USA und Deutschland ist die gelungene Kooperation wichtig. Sie haben ihre Mannschaften ideal angeleitet.
- Fehlt diese Steuerung und müssen die Mitarbeiter ausschließlich auf der operativen Ebene zueinanderfinden, wird es meist für alle Beteiligten anstrengend.

Was nehmen Sie mit?

Sie haben den Praxisfall aus verschiedenen Perspektiven reflektiert. Bitte fassen Sie nun Ihre stärksten Eindrücke zusammen, um so Ihre Gedanken und Lernfortschritte zu dokumentieren. Das Arbeitsblatt hilft Ihnen dabei, in der Chronologie des Praxiskapitels vorzugehen:

Erster Schritt: Kommunikationsverhalten analysieren

1) Verhalten in Deutschland

....

2) Vergleich mit US-amerikanischem Gesprächsverhalten

....

Zweiter Schritt: Checkpoint/Kontrollpunkt

1) ....

2) ....

Dritter Schritt: Praxisgerechte Maßnahmen ableiten

1) Befragung des US-Teams

....

2) Trefferliste Ja, aber …

....

3) Optimismus-Barometer

....

4) Kommunikations-Treiber

....

2.2   Leadership motivierend leben

2.2.1   Praxisfall: Feedback-Kultur gestalten

Praxisfall

Paula Sprenger ist verantwortlich für das weltweite Customer Relationship Management (CRM) des Automobilherstellers „Driver". Das Vorgehen soll in ausgewählten Punkten weltweit im Unternehmen angeglichen werden. Die Landesgesellschaft in den USA kann neben diesen Standards die Sammlung, Pflege und Nutzung weiterer Kundendaten für den eigenen Markt autonom gestalten. Um die sinnvolle Zusammenarbeit abzustimmen, fliegt Frau Sprenger nach Detroit. Im amerikanischen Büro soll sie mit Joy Harper und ihrem Team die Umsetzung unter Zeitdruck anpacken. Joy gilt im Unternehmen als perfekte Führungskraft. Das interessiert Paula. Die Interaktion im amerikanischen Team erscheint Paula Sprenger jedoch zeitraubend und umständlich.

Paula Sprenger ist selbst erfolgreiche Führungskraft. Ihr ist bewusst, dass man die Motivation der Mitarbeiter durch Aufmerksamkeit stärkt. Joy Harper scheint ihr Team jedoch zur Unselbstständigkeit zu erziehen: Joy verteilt nur kleine Arbeitspakete, über die sie ausführlich mit den Mitarbeitern spricht. Es vergeht keine Stunde, in der nicht ein Mitarbeiter an ihrem Schreibtisch vorbeikommt, um von einem – wie es Paula scheint – trivialen Fortschritt zu berichten oder eine Rückfrage zu einer bereits intensiv besprochenen Aufgabe zu stellen.

Joy nimmt sich gut gelaunt Zeit für inhaltliche Rückmeldungen und enthusiastische Ausrufe à la „Fantastic!". Wenn sich die Mitarbeiter nicht an sie wenden, dreht Joy regelmäßig Runden in der Abteilung, um kurz zu plaudern, gemeinsam über einen Scherz zu lachen und kontinuierlich zu loben. Die Mitarbeiter sind sichtbar begeistert und verhalten sich auffallend respektvoll gegenüber Joy. Einzelne Kollegen kommen immer wieder für einen Small Talk kurz zusammen. Paula Sprenger findet die Gespräche redundant: „Kein Wunder, dass alles so lange dauert. Hier steht Interaktion vor Exekution."

Als Ethan Brown Kontakt mit einem Dutzend Premiumkunden in den USA aufnimmt, kommt Paula aus dem Staunen nicht mehr heraus: Ethan kommt einmal pro Stunde bei Joy vorbei und berichtet von den Eindrücken aus den Kundentelefonaten. Am Ende des Nachmittags bittet er Joy um die aktuelle Priorisierung seiner To-do-Liste. Ethan will die gesammelten Kundendaten aufarbeiten und bittet um Zeit dafür. „Unreif und detailverliebt. Mit solchen Fragen sollte er als Experte die Abteilungsleitung nicht belasten", denkt Paula.

Joy reagiert jedoch begeistert auf Ethans Idee. Wie bei allen Mitarbeitern hat sie das letzte Wort und steht ihm auch bei seinem Zeitmanagement – voll des Lobes für sein Engagement, jedoch mit alleiniger Entscheidungsgewalt – zur Verfügung. Als Paula nach dem Büro im Hotel sitzt, überlegt sie: Ist die Führungsarbeit in den USA anders als in Deutschland – oder hat sie einen Fall von Mikromanagement vor Augen?

=> **Aufgabenstellung und Problemanalyse**

Paula Sprenger ist auf einer Dienstreise in den USA. Es geht auf den Aufbau eines gemeinsamen Vorgehens zu Kundendaten des Unternehmens. Sie freut sich auch darauf, mehr über die Führungskompetenzen der Abteilungsleiterin Joy Harper zu erfahren. Paula fällt auf, dass Joy ihre Mitarbeiter „eng führt": Sie verteilt nur kleine Arbeitspakete, bietet trotzdem viele Erklärungen an und bespricht die Zwischenergebnisse ausführlich mit ihren Mitarbeitern. In den Gesprächen lobt Joy die Mitarbeiter überschwänglich, obwohl Paula Sprenger die Arbeitsweise in der Abteilung eher ineffizient vorkommt.

Systematik: Verantwortungsanzeiger

1. Schritt: Verantwortungsanzeiger
2. Schritt: Checkpoint
3. Schritt: Praxisgerechte Maßnahmen ableiten
4. Schritt: Im Rückspiegel – wie ging der Praxisfall weiter?
5. Schritt: Highlights and Lowlights im Praxisfall „Feedback-Kultur gestalten"

1. Schritt: Verantwortungsanzeiger

Paula Sprenger möchte von der zweiwöchigen Dienstreise profitieren: Es ist ihr ein Anliegen, einerseits die Abstimmung mit der amerikanischen Gesellschaft von „Driver" erfolgreich abzuschließen und andererseits mehr über das Managementverhalten in den USA zu lernen.

Sie entscheidet sich für den Kauf eines interkulturellen Ratgebers, den sie sofort als E-Book erwirbt und bis spät in die Nacht querliest. Auf der Grundlage der Erklärungen und ihrer Beobachtungen stellt sie drei Analyse-Instrumente zusammen, um das Führungsverhalten ihrer Kollegin Joy zu reflektieren.

Ihr Lernvorteil

Mit der Systematik „Verantwortungsanzeiger" erhalten Sie den Leitfaden, mit dem Paula Sprenger die interkulturelle Kommunikation einschätzt. Sie lernen die USA als „Feedback-Kultur" kennen. Sie erfahren, an welchen Stellen sich deutliche Unterschiede im Verantwortungsbereich von Führungskräften in den USA und Deutschland zeigen. Sie blicken Paula Sprenger bei der Analyse über die Schulter und erfahren, an welchen Stellen sie ihre Erwartungen „nachjustieren" sollte.

Paula Sprenger betrachtet drei Aspekte näher:

a) Aufmerksamkeitsratio am Arbeitsplatz
b) Motivation erhalten und fördern
c) Entscheidungsvolumen identifizieren

Zu a) Aufmerksamkeitsratio am Arbeitsplatz

Paula steht mit ihrem Team in Deutschland in gutem Einvernehmen. Es herrscht eine kollegiale Atmosphäre in der Abteilung, die ihr wichtig ist. Sie verbringt viel Zeit in Meetings. In den Phasen, in denen sie an ihrem Schreibtisch arbeitet, besteht zwischen ihr und ihren Mitarbeitern längst nicht so viel Sprechbedarf wie bei Joy und ihrem Team. Paula Sprenger erwartet, dass die erfahrenen Experten ihre Aufgaben selbstständig erledigen. Natürlich lässt sie sich den Status berichten.

Die einzelnen Schritte zur Zielerreichung – so sieht es Frau Sprenger – liegen jedoch in der Verantwortung der einzelnen Mitarbeiter. Sie möchte niemanden gängeln, sondern Vertrauen schenken. So öffnet sie Freiräume für kreative Lösungen. Das stellt sie sich unter einem motivierenden Arbeitsplatz vor. Bei ihrem deutschen Team kommt das gut an.

Joy Harper verbringt mehr Zeit mit ihren Mitarbeitern: Sie schenkt den einzelnen Personen mehr Aufmerksamkeit und sucht auch von sich aus immer wieder den Kontakt zu ihnen.

Textbeispiel aus dem Praxisfall

Wenn sich die Mitarbeiter nicht an sie wenden, dreht Joy regelmäßig Runden in der Abteilung, um kurz zu plaudern, gemeinsam über einen Scherz zu lachen …

Als Paula am nächsten Tag die Zusammenarbeit im amerikanischen Team diskret beobachtet, stellt sie als echter Zahlenmensch fest: Joy spricht ungefähr 30 Prozent mehr mit ihren Mitarbeitern, als sie selbst das mit ihrem Team tut. Diese Sprechzeit ist nicht immer klaren Gesprächszielen gewidmet, sondern dient oft nur dem guten Einvernehmen und damit sicher der Motivation der Mitarbeiter.

Paula Sprenger verbringt – wenn sie nicht an Meetings teilnimmt – die meiste Zeit alleine am PC und arbeitet dort mit konzentriertem Blick. Es fällt ihr auf, dass die US-Kollegen regelmäßig von ihrem Arbeitsplatz aufstehen, um einen Arbeitsgang mit dem Austausch von ein paar Bemerkungen im Kollegenkreis zu verbinden. Selbst wenn keine Zeit für kurzes Plaudern ist, blickt man sich im Vorbeigehen öfter als in Deutschland in die Augen oder lächelt sich ermutigend zu.

Textbeispiel aus dem Praxisfall

Auch einzelne Kollegen kommen immer wieder für einen Small Talk kurz zusammen.

Praxistipp Small Talk

In meinen Seminaren und Beratungsgesprächen stellt sich immer wieder heraus: Viele deutsche Manager haben eine Abneigung gegen Small Talk.

Aus amerikanischer Sicht ist Small Talk jedoch ein echter „Social Skill", den man im Idealfall bereits in frühester Jugend gelernt haben sollte. In den USA nutzt man das Gesprächsformat, um eine freundliche Stimmung zu erzeugen, in der sich alle wohlfühlen. Man plaudert bewusst kurz und oberflächlich. Der Small Talk ist kein Expertengespräch, bei dem man seine intellektuelle Brillanz bemüht. Es geht vielmehr darum, zwischen allen Beteiligten auf unverbindliche Weise ein gutes Einvernehmen zu schaffen. Persönliche oder eher schwierige Themen stören dabei, weil sie als unkomplizierter Eisbrecher ungeeignet sind. Besonders geschätzt wird es in den USA, wenn man ein paar freundliche Worte als Stimmungsaufheller einsetzt. Am Arbeitsplatz wirkt dies motivierend und hilft dabei, die gute Atmosphäre im Team zu pflegen.

Paula hat das Gefühl: Der Kollegenkreis in den USA nimmt sich – trotz hoher Arbeitsbelastung – auf der persönlichen Ebene intensiver wahr: Man schenkt sich mehr kollegiale Beachtung. Diese Aufmerksamkeit erzeugt eine positive Gruppendynamik, die sie aus Deutschland nicht kennt.

In einer Kaffeepause kommen Mary-Jane und Elsie aus Joys Team zufällig auf diesen Punkt zu sprechen: „Paula, hast Du Spaß an Deinem Aufenthalt bei uns? Ist alles in Ordnung? Wir konnten Dich noch nicht richtig kennenlernen, was wir schade finden."

Paula Sprenger erklärt, dass es sich bei ihrer „strengen Miene" um ihr konzentriertes „deutsches Arbeitsgesicht" handeln müsse, das den Kolleginnen aufgefallen sei. Elsie kontert gut gelaunt: „Wir arbeiten alle hart, trotzdem haben wir hier auch viel Spaß zusammen. Das ist gut für die Arbeit und gut für uns!"

Durch die Unterhaltung versteht Frau Sprenger: Die amerikanischen Kollegen halten sie offensichtlich für eine übermotivierte Streberin. Ihr „importiertes Verhalten" aus Deutschland kommt im Office in Detroit nicht gut an.

Hintergrundwissen zur amerikanischen Feedback-Kultur
In den USA ist die positive Gruppendynamik bei allen beruflichen und privaten Anlässen eine hohe Messlatte. Die unausgesprochene Etikette verlangt es, dass man gute Laune und Freude an der Zusammenarbeit zeigt, statt sich ausschließlich in die Aufgabenerledigung zurückzuziehen. Das ist für die soziale Akzeptanz wichtig, um die sich Amerikaner intensivere Gedanken machen als Deutsche.[10]

Zu b) Motivation erhalten und fördern
Als Nächstes nimmt sich Paula Sprenger vor zu reflektieren, wie Joy Harper ihre Mitarbeiter motiviert. In ihrem Fachbuch hat Paula gelesen, dass man in den USA während der gesamten Ausbildungzeit die Motivation im Unterricht durch interessierte Fragen und fachbezogene Diskussionen zum Ausdruck bringt. Dies wird von den Lehrern belohnt und gilt auch am Arbeitsplatz als Zeichen von Engagement.

Mit diesem Wissen ausgestattet, versteht sie nun besser, warum die Mitarbeiter so häufig ungebeten mit Zwischenberichten aufwarten oder erneut eine Frage zur Arbeitsaufgabe bei Joy Harper vorbringen.

---

[10]Thomas, A. (1999, 2008, 2011a, b).

Textbeispiel aus dem Praxisfall

*Es vergeht keine Stunde, in der nicht ein Mitarbeiter an ihrem Schreibtisch vorbei-
kommt, um von einem – wie es Paula scheint – trivialen Fortschritt zu berichten oder
eine Rückfrage zu einer bereits intensiv besprochenen Aufgabe zu stellen.*

Joy reagiert auf diese – wie Paula findet – Informationsflut durchgängig freundlich und
zugewandt. Sie ermutigt die Mitarbeiter in Bezug auf ihre Aufgaben oder ihre Persönlichkeit durch positive Kommentare und vor allem durch sehr viel Lob.

Textbeispiel aus dem Praxisfall

*Wenn sich die Mitarbeiter nicht an sie wenden, dreht Joy regelmäßig Runden in der
Abteilung, um (…) kontinuierlich zu loben.*

Paula Sprenger bespricht in Deutschland ebenfalls nennenswerte Erfolge mit ihren
Mitarbeitern und verteilt das eine oder andere Kompliment zum Arbeitseinsatz oder den
individuellen Kompetenzen.

   Joy Harper scheint es jedoch ein konstantes Anliegen zu sein, ständig ihre Wertschätzung für die Arbeitsleistung ihres Teams zum Ausdruck zu bringen. Die aufmerksame
Atmosphäre kommt gut bei den Mitarbeitern an: Sie bedanken sich herzlich für alle Ratschläge, die Joy immer wieder bereitwillig erteilt.

Textbeispiel aus dem Praxisfall

*Joy nimmt sich gut gelaunt Zeit für inhaltliche Rückmeldungen und enthusiastische
Ausrufe à la „Fantastic!". Die Mitarbeiter sind offensichtlich begeistert (…).*

Langsam versteht Paula Sprenger, dass Joy in ihrem Führungsverhalten den einzelnen
Mitarbeitern viel Raum in ihrem Zeitmanagement zugesteht: Niemand im Team leidet an
zu wenig Aufmerksamkeit, Überforderung oder verkümmert unbemerkt trotz perfekter
Aufgabenerfüllung.

Praxistipp Klare Rollenverteilung

In den USA schätzt man eine klare Rollenverteilung, d. h., zwischen allen Kollegen
sind die Zuständigkeiten unmissverständlich verteilt. Normalerweise ist man auch
im Urlaub oder während einer Krankheit als Arbeitnehmer ansprechbar. Die Kom-
petenzabgrenzung geht so weit, dass man keine Vertretungsregelung trifft. Aus diesem Grund kennen Amerikaner keine bilaterale Beauftragung im Kollegenkreis, wie
es in Deutschland üblich ist. Für die Aufgabenverteilung ist ausschließlich die Führungskraft zuständig, und man mischt sich in die Arbeitspakete der Kolleginnen und
Kollegen nicht ein. Alles andere wäre ein Fauxpas.

Der Wunsch nach einer zugewandten und herzlichen Atmosphäre am Arbeitsplatz ist in
den USA noch intensiver ausgeprägt als in Deutschland. Alle Mitarbeiter verschreiben
sich diesem gemeinsamen Ziel.

Praxistipp Dienst ist Dienst – Schnaps ist Schnaps
In Deutschland verfolgte man früher die bewusste Trennung zwischen Privat- und Berufsleben. Wir sind noch immer zurückhaltend, wenn es darum geht, enge Freundschaften am Arbeitsplatz aufzubauen. Die alte Regel „Dienst ist Dienst – Schnaps ist Schnaps" wird als altmodisch betrachtet, trotzdem wirkt sie nach, wenn es darum geht, wie intensiv unsere privaten Kontakte zu unserem Arbeitsumfeld sind. In den USA findet man eine strikte Trennung der Lebenskreise nicht hilfreich. Man trifft sich im Kollegenkreis in kleineren oder größeren Abständen, um sich nach der Arbeit bei einem gemeinsamen Getränk oder einem Snack auf den Feierabend einzustimmen. Das Bedürfnis nach einer freundschaftlichen Atmosphäre am Arbeitsplatz ist groß, und normalerweise ist man bemüht, eine Stimmung von Nestwärme aufzubauen.

Joy Harper sorgt auf diese Art den ganzen Tag hindurch für Motivation und gibt ein perfektes Beispiel für die Feedback-Kultur in den USA. Das ist jedenfalls Paula Sprengers Eindruck, nachdem sie einige Tage die Zusammenarbeit im Team beobachtet hat.

Zu c) Entscheidungsvolumen identifizieren

Paula Sprenger überlässt die Entscheidungen im Tagesgeschäft ihren Mitarbeitern. Obwohl Joy ihre Mitarbeiter sehr wertschätzend behandelt, behält sie sich jedoch die Entscheidungsgewalt in der Abteilung vor. Deutsche Mitarbeiter würden dies als Bevormundung werten, sich gegängelt fühlen und wären unzufrieden.

Das Team in den USA wirkt jedoch zufrieden mit dieser Arbeitsteilung. In ihrem Fachbuch hat Frau Sprenger gelesen, dass das Entscheidungsvolumen der Führungskräfte in den USA größer ist als in Deutschland: Die amerikanische Führungskraft trifft alle Entscheidungen. Sind Chef oder Chefin nicht verfügbar, um die Richtung vorzugeben, bleibt die Angelegenheit bis zur Klärung in der Warteschleife.

In der Konsequenz bedeutet dies, dass amerikanische Experten über deutlich weniger Entscheidungskompetenzen verfügen als ihre Kollegen in Deutschland. Die inhaltliche Abstimmung mit der Führungskraft erfolgt als Konsequenz daraus nicht abstrakt-strategisch, sondern operativer als bei uns: aufgaben- und statusorientiert, immer dann, wenn es Neuigkeiten gibt, und folgt damit nicht ausschließlich dem Kalender für den Jour fixe.

Textbeispiel aus dem Praxisfall
Joy verteilt nur kleine Arbeitspakete, über die sie ausführlich mit den Mitarbeitern spricht. (…) Ethan kommt einmal pro Stunde bei Joy vorbei und berichtet von den Eindrücken aus den Kundentelefonaten. (…) Wie bei allen Mitarbeitern steht sie ihm (…) auch beim Zeitmanagement (…) zur Verfügung.

Paula Sprenger bemerkt nach dieser Reflexion, dass sie Ethans Verhalten bisher falsch interpretiert hat. Sie hat – aus der Sicht einer deutschen Führungskraft – von einem erfahrenen Experten einen Ergebnisbericht zu den Kundengesprächen erwartet.

Ethan liefert bei Joy jedoch einen kleinschrittigen Verlaufsbericht ab. Paula schätzte Ethan deshalb bisher als unselbstständig und detailverliebt ein. Jetzt versteht sie, dass Ethan aus amerikanischer Sicht respektvoll und sogar umsichtig gehandelt hat: Er berichtet über Impulse der Kunden. So hält er Joy zu dem wichtigen Thema informiert und entscheidungsfähig. Entsprechend positiv reagiert Joy Harper.

Textbeispiel aus dem Praxisfall

Joy reagiert jedoch begeistert auf Ethans Idee.

Ethan zeigt nach amerikanischer Lesart Verantwortungsgefühl und Initiative, denn er hat auch seine nächsten Schritte bereits durchdacht. Er ist gut vorbereitet und braucht nur noch „grünes Licht" von Joy. So stellt er die Frage zu seinem Zeiteinsatz – wie es seiner Rolle entspricht – seiner Chefin, die darauf positiv reagiert.[11]

Textbeispiel aus dem Praxisfall

Am Ende des Nachmittags bittet er Joy um die aktuelle Priorisierung seiner To-do-Liste. Ethan will die gesammelten Kundendaten aufarbeiten und bittet um Zeit dafür.

Die Entscheidung, wer wann was im Team machen sollte, ist eine Kernkompetenz von Joy. Das hält Paula in ihrer Abteilung in Deutschland genauso.

Paula Sprenger beobachtet jedoch, dass Joy die Bedeutung und die Reihenfolge der Aufgabenerledigung ihrer Mitarbeiter im Laufe des Tages in vielen Gelegenheiten neu einschätzt. Paula Sprenger merkt, dass die flexible Reaktion auf die Anforderungen an das Tagesgeschäft für das Team wichtig ist. Alle wollen ohne Zeitverlust auf die Wünsche der Kunden reagieren und zeigen die nötige Offenheit, ihren Tagesplan immer wieder an die konkreten Anforderungen des Moments anzupassen. Dafür ist man bereit, getroffene Absprachen zu überdenken und das eigene Handeln neu auszurichten.

Die Planung ist der Dynamik des Tages untergeordnet und entsprechend kurzfristig. Joy Harpers Aufgabe als Abteilungsleiterin ist es, den Überblick zu behalten und die gesetzten kurzfristigen Ziele nicht aus den Augen zu verlieren. Das ist ein ständiges Handlungsfeld für Joy, während das Team von Paula Sprenger durch mittel- und langfristige Zielvereinbarungen gesteuert wird. Sie überlässt es ihren Experten, die eigene kurzfristige Tages- und Wochenplanung festzulegen.

Praxistipp Flexibilität

In den USA werden Service-Gedanken und Kundenorientierung sehr ernst genommen. Wünsche oder auch nur Informationen von Kunden gelten als so wichtig, dass andere Aktivitäten unterbrochen werden. Bestehende Absprachen im Kollegenkreis

---

[11] Thomas, A. (2011a, b).

sind sofort außer Kraft gesetzt, und auch fest etablierte Unternehmensprozesse werden „neu interpretiert" oder komplett ignoriert, wenn der Sachverhalt dies verlangt bzw. rechtfertigt. Auf uns wirkt das Verhalten im günstigen Fall „agil", manchmal aber auch zu aktionsorientiert. Das ist der Grund, warum wir auf Amerikaner häufig unflexibel wirken, denn auch im Umgang mit internen und externen Kunden nehmen wir unsere Abläufe im Unternehmer ernst. Ich rate dazu, mit Amerikanern offen über diese Punkte zu sprechen.

Paula fällt auf, dass trotz des legeren, freundschaftlichen Klimas im Team die professionelle Distanz zwischen dem Team und Joy Harper niemals gefährdet ist. Sie ist sich nicht sicher, ob ihr das bei ihrem Team so gut gelingen kann. Das ist ein Grund, warum sie bei ihren Mitarbeitern nicht viel Nähe zulässt, private Gesprächsthemen lieber vermeidet und generell auf einen sachlichen Tonfall setzt.

Im amerikanischen Team ist das offensichtlich kein Problem: In allen Seitengesprächen, die Paula Sprenger zufällig mithört, spricht das Team respektvoll über Joy. Auch im direkten Kontakt mit ihrer Chefin wirken die Amerikaner deutlich bemühter um gutes Benehmen und inhaltliches Einvernehmen, als Paula dies aus Deutschland gewöhnt ist.

Textbeispiel aus dem Praxisfall

Die Mitarbeiter sind offensichtlich begeistert, verhalten sich auffallend respektvoll gegenüber Joy.

Praxistipp Keine Kritik am Chef, bitte!

Trotz des freundschaftlich-familiären Umgangstons in amerikanischen Teams steckt ein ausgeprägtes Verständnis von Hierarchien in den Köpfen Ihrer US-Partner. Das Machtgefüge ist asynchron und die Führungskraft die/der unbestrittene Entscheidungsträger in der Abteilung. Die perfekte Führungskraft lockert dieses Rollenverständnis allerdings durch freundliche Zuwendung auf. So haben wir als Beobachter oft das Gefühl von unverkrampfter, kameradschaftlicher Interaktion. Anders als bei uns, akzeptiert ein amerikanischer Chef jedoch keinen Widerspruch oder gar Kritik vom Mitarbeiter. Das gilt als Tabubruch gegenüber einer Respekts-person.

Aus unserer Sicht wirken selbst erfahrene Experten in den USA trotz der häufig zur Schau gestellten Lockerheit fast unterwürfig, wenn es um den Austausch von Fachargumenten mit Führungskräften geht. Falls Sie im Team mit Ihrem Chef in die USA reisen: Bitte überprüfen Sie ihre Kommunikationsmuster. Amerikaner empfinden Sie ansonsten vielleicht als „disrespectful". Das beschädigt Ihr Image – und auch das Ihrer Führungskraft.

Paula Sprenger sammelt einige Tage ihre Beobachtungen. Als Zusammenfassung notiert sich Frau Sprenger eine Gegenüberstellung zum Kommunikationsverhalten zwischen Führungskraft und den Mitarbeitern (Tab. 2.2).

Paula Sprenger versteht durch ihre Beobachtungen, dass ihre Vorstellungen über Führung und Zusammenarbeit in den USA bisher lückenhaft waren. Langsam dämmert es ihr, dass sie durch ihr Kommunikationsverhalten längst nicht so kompetent und sympathisch auf ihre amerikanischen Kollegen wirkt wie von ihr erhofft. Jetzt macht sie sich Sorgen über die weitere, hoffentlich gute, Zusammenarbeit. Sie befürchtet Komplikationen im Zusammenspiel mit dem amerikanischen Team.

Überprüfen Sie bitte mit dem Kulturnavigator unten Ihre Einschätzung zum Praxisfall:

2. **Schritt: Checkpoint**

Ihr Lernvorteil

Nutzen Sie diesen Abschnitt, um Ihre Eindrücke zum Praxisfall zu reflektieren. Bitte prüfen Sie, ob Sie das Verhalten von Paula Sprenger hilfreich für die Situation finden.

Tab. 2.2 Interaktion zwischen Führungskraft und Mitarbeitern

USA	Deutschland
Feedback-Kultur: Aufmerksamkeit und Ermutigung der einzelnen Personen sind wichtig	Konsenskultur: Abstimmung zu den Fachinhalten steht im Vordergrund, der persönliche Kontakt wird diesem Ziel untergeordnet
Häufige Interaktion im Arbeitsalltag wird als sinnvoll und/oder wünschenswert wahrgenommen	Kommt, wenn dies fachlich sinnvoll ist, auch mit wenig Interkation im Arbeitsalltag aus
Wenige Kommunikationsbarrieren zwischen den Hierarchiestufen	Kommunikationsbarrieren zwischen den Hierarchiestufen vorhanden
„Vornamen-Kultur" am Arbeitsplatz	Duz- und Siez-Kultur am Arbeitsplatz
Führungskräfte treffen Entscheidungen im Tagesgeschäft	Experten treffen Entscheidungen im Tagesgeschäft
Zentralistische Abteilungs-kommunikation: Experten und Führungskräfte stimmen sich feinmaschig im Tagesgeschäft ab	Dezentrale Kommunikationsprozesse: Experten agieren selbstständiger und stimmen sich im Tagesgeschäft nicht kontinuierlich mit Führungskraft ab
Motivation und Initiative werden durch intensive Fragen, inhaltliche Beiträge und Vorschläge gezeigt	Motivation und Initiative werden auch durch selbstständige Entscheidungen innerhalb des Aufgabengebiets gezeigt[a]

[a]Nach Thomas, A. (1999)

Kulturnavigator

1) Wie schätzen Sie die Bedürfnisse von Paula Sprenger ein?

....

....

2) Wie beurteilen Sie das Vorgehen von Paula Sprenger und ihrem Team?

....

....

3) Welche Veränderungen in der Zusammenarbeit schlagen Sie vor?

....

....

3. Schritt: Praxisgerechte Maßnahmen ableiten

2.2.2 Kultursensible Handlungsoptionen mit Empfehlung

Ihr Lernvorteil

Dieser Abschnitt zeigt Ihnen, wie Sie Ihr Verhalten an die amerikanische Feedback-Kultur anpassen können, ohne sich zu verbiegen.

Die Zusammenarbeit zwischen der Konzernzentrale und der Landesgesellschaft USA zum Customer Relationship Management ist wichtig für das Unternehmen „Driver". Paula Sprenger und Joy Harper planen, mindestens ein Jahr eng zusammenzuarbeiten. Frau Sprenger wird dazu nicht nur von ihrem eigenen Team unterstützt, sondern sie wird auch eng mit Joys Mitarbeitern und einigen Vertretern des Managements in den USA Kontakt halten. Häufige Arbeitsaufenthalte im Büro in Detroit sind vorgesehen.

Paula Sprenger ist von dieser Aussicht verunsichert: Sie versteht, dass es in dieser Phase der Kooperation unverzichtbar ist, dass sie im Business-Kontext auf Amerikaner überzeugend wirkt – als Führungskraft und durch ihre Persönlichkeit. Andernfalls kommt die gemeinsame Betreuung der Kunden nicht in Gang. Ihre Personalbetreuerin in Deutschland rät ihr zu einem Coaching, um die Situation in den Griff zu bekommen.

Gesagt, getan: Der ausgewählte Coach, Melanie Meerbaum, kann zudem auch eine Fachberatung zur interkulturellen Wirtschaftskommunikation Deutschland-USA anbieten. Coach und Coachee besprechen kurzfristig das ideale Vorgehen, damit Paula in den USA selbstbewusst und kultursensibel auftritt. Lesen Sie unten, welche Instrumente Paula Sprenger und Melanie Meerbaum nutzen.

Frau Sprenger versteht durch das Vorgespräch mit Melanie Meerbaum: Ohne gezielte Verhaltensveränderung wird ihr Image in den USA leiden. Ihr graut davor, ihre umfassende fachliche Kompetenz durch einen möglicherweise unpassenden oder – im schlimmsten Fall – tollpatschigen Auftritt zu beschädigen. Das hätte Konsequenzen für ihr Fortkommen im Unternehmen. Ein Gesichtsverlust ist für sie keine Option. Es kommt jedoch auch nicht in Frage für Sie, sich zu verstellen. Paula hat nicht vor, die „Amerikanerin zu mimen", wie sie Frau Meermann nachdrücklich erklärt.

Zur Überraschung ihrer Klientin hat die Beraterin damit kein Problem. Sie argumentiert sogar deutlich anders als erwartet: „Natürlich verbiegen Sie sich nicht. Sie verstellen sich bitte auch nicht. Es geht uns eher darum, dass Sie lernen, sich mit den Augen Ihrer amerikanischen Geschäftspartner zu sehen. Dann können Sie sich fallweise entscheiden, in welchen Momenten Sie sich mehr oder weniger an die lokalen Erwartungen anpassen."

Diese Ansage der Beraterin zaubert ein Lächeln in Paula Sprengers Gesicht: Mit dem Vorgehen kann sie gut leben.

Frau Meerbaum hilft Paula im Coaching dabei, die

- **in den USA für sie hilfreichen Verhaltensmuster zu erkennen,**
- **möglichen Handlungsfelder für die kultursensible Adaption an das Umfeld zu identifizieren.**

Melanie Meerbaum reflektiert im Coaching mit Frau Sprenger, welche Punkte für sie im Mittelpunkt ihrer Persönlichkeitsentwicklung stehen sollen. Diese Arbeitsfragen kommen zum Einsatz:

Reflexionsfragen

1) Was will Paula Sprenger in den USA für das Projekt und ihre Reputation erreichen? Was ist das ideale Ergebnis?
2) Wie macht Paula Sprenger das aktuell?
3) Wie gut passt das von Paula Sprenger gezeigte Verhalten in die USA?
4) An welchen Stellen möchte Paula Sprenger ihr Verhalten verändern? Wie sehr – und mit welchen Inhalten?

Nachfolgend lesen Sie die Ergebnisse der Reflexion.

Antworten von Paula Sprenger

Zu 1) *Ich möchte die Zusammenarbeit zum Erfolg führen, weil ich die Partner in den USA von meinen Argumenten überzeugen kann. Dazu muss ich als ernst zu nehmende Meinungs- und Entscheidungsträgerin in den USA anerkannt werden, sonst wird meine fachliche Expertise nicht ernst genommen. Mein Job in der Zentrale ist für die amerikanischen Kollegen keine ausreichende Referenz. Das spüre ich deutlich.*

> Zu 2) *Darüber habe ich noch nicht nachgedacht. Im Grunde zeige ich das gleiche Verhalten wie in Deutschland. Natürlich spreche ich Englisch, habe mir die Markt- und Kundendaten der USA besorgt und bemühe mich um ein gutes Einvernehmen. Jetzt merke ich: Das war kurzsichtig von mir.*
>
> Zu 3) *Nach meinem ersten Aufenthalt in den USA muss ich zugeben: Ich komme mit den Kollegen in Detroit nicht so gut zurecht wie erhofft. Einen stabilen Kontakt auf persönlicher oder fachlicher Ebene habe ich weder mit Joy Harper noch mit ihrem Team aufgebaut. Die Arbeitsweise – also die unausgesprochenen Regeln – im Tagesgeschäft interpretierte ich an einigen Stellen falsch. Im Team komme ich nicht gut an, was ich durch Elsies Kommentar gemerkt habe.*
>
> Zu 4) *Ich möchte mich als Teil des Management Teams positionieren. Das ist wichtig, damit ich von Joy Harper und anderen Führungskräften anerkannt werde. Ich möchte respektvoll auftreten und die Regeln der Interaktion zwischen den verschiedenen Stakeholdern beherrschen. So kann ich die Bedarfe der Zentrale und der Landesgesellschaft ideal verknüpfen. Mir ist jedoch nicht klar, wie mein konkretes Verhalten aussehen soll.*

Auf der Grundlage dieser Antworten entwirft Melanie Meerbaum ein spezifisches Reflexionsinstrument, den USA-Transformator, für ihre Coachee. Er soll Paula Sprenger bei zwei Anforderungen helfen:

a) Rollenerwartungen als Mitglied des Managements in den USA erfüllen

b) Kooperationserwartungen der amerikanischen Mitarbeiter respektieren

Lesen Sie hier, wie Coach und Coachee an diesen Themen arbeiten:

a) **Rollenerwartungen als Mitglied des Managements in den USA erfüllen**

Wenn Paula in den USA ist, will sie im Management Team souverän auftreten. Sie muss mit ihrer überzeugenden Führungspersönlichkeit für ihr Thema werben. Darauf muss sie sich vorbereiten, um die Zusammenarbeit zwischen der Zentrale und der Landesgesellschaft zu stärken.

Handlungsfelder

▶   1) **Flexiblität zeigen: Auf Markt- und Kundenbedürfnisse reagieren**
▶   2) **Stark auftreten: Entscheidungen schnell und sicher treffen**
▶   3) **Souverän Kontakte knüpfen: Im Managementkreis überzeugen**

Hier sehen Sie die Reflexionsergebnisse von Frau Sprenger zu den drei Handlungsfeldern:

1) Flexibilität zeigen

Die amerikanischen Manager erwarten schnelle Reaktionen, wenn Rückmeldungen oder Anfragen vom Kunden eingehen. Das kann ich verstehen, denn das ist auch für

mich und mein Team in Deutschland gängige Praxis. Allerdings möchte
ich, dass wir Grundsatzthemen in solchen Momenten nicht (lange) vernachlässigen.

Herausforderung:

Ich muss im Managementkreis in den USA meine Prioritäten verständlich machen,
ohne die Kollegen zu frustrieren oder „marktfremd" zu wirken. Vor allem muss ich an die
unterschiedlichen Erwartungen hierzu denken und ein kleines „Kommunikationspaket"
einplanen, um meine Vorstellungen zutreffend, aber auch kultursensibel zu vermitteln.

Veränderungsbedarf:

Ich bin bereit, bei Bedarf einzelne Prozessschritte zu überspringen, um sie später nach-
zuholen. Unser definiertes Grundgerüst möchte ich jedoch respektieren. Ich muss lernen,
dies so zu kommunizieren, dass die Amerikaner sich nicht vor den Kopf gestoßen fühlen
(Abb. 2.10 und Tab. 2.3).[12]

2) Stark auftreten

Das Team in den USA schätzt Handlungsorientierung. Ohne Zögern eine Entscheidung zu
treffen, drückt in den USA eine optimistische Haltung aus – eine Eigenschaft, die bei
Führungskräften geschätzt wird.

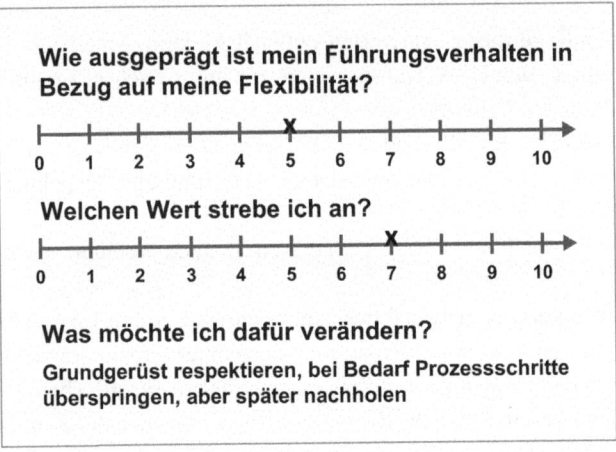

Abb. 2.10   USA-Transformator zum Kriterium „Flexibilität zeigen"

Tab. 2.3   Verhaltensadaption zum Kriterium „Flexibilität"

Verhalten bisher	Erforderliche Verhaltensadaption
Schnelle Rückmeldung	Unmittelbare Rückmeldung ohne Zögern
Aufgaben werden mit Blick auf Arbeitsprozesse priorisiert	Bei Bedarf können einzelne Prozessbausteine übersprungen und nachgeholt werden

---

[12] Thomas, A. (1999).

Herausforderung:

In den USA werden die Entscheidungen des Tagesgeschäfts von der Abteilungsleitung getroffen, die ich an meine Experten delegiere. Im schlimmsten Fall wirke ich auf die Kollegen in den USA uninformiert und schwach, wenn ich zu Fragen des Tagesgeschäfts meine Mitarbeiter konsultieren muss.

Veränderungsbedarf:

Ich muss Entscheidungen schnell und ohne Rücksprache treffen. Dazu muss ich mich besser vorbereiten, um den Sachstand im Kopf zu haben. Verschiedene Szenarien muss ich im Vorfeld mit meinem Team besprechen, damit sich die Kollegen nicht übergangen fühlen, wenn ich aus deutscher Sicht in ihre Aufgaben eingreife (Abb. 2.11 und Tab. 2.4).[13]

3) Souverän Kontakte knüpfen

Der Umgang im Managementkreis in den USA ist legerer. In den USA drückt man sein Image als Respektsperson dadurch aus, dass man locker und unkompliziert auftritt „like a normal guy/girl".

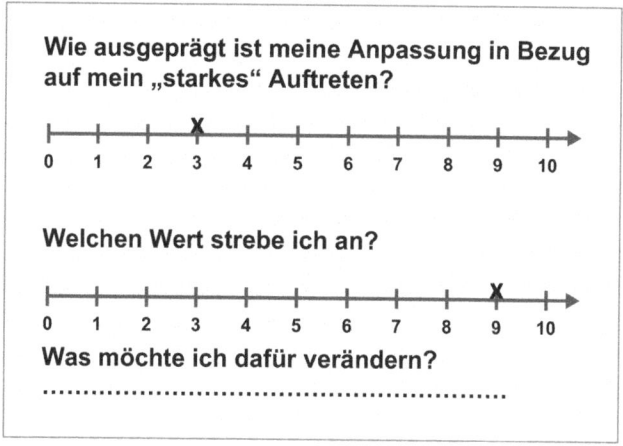

Abb. 2.11 USA-Transformator zum Kriterium „Stärke zeigen"

Tab. 2.4 Verhaltensadaption zum Kriterium „Stark auftreten"

Verhalten bisher	Erforderliche Verhaltensadaption
Operative Entscheidungen erfolgen normalerweise durch die Experten im Team	Operative *und* strategische Entscheidungen trifft die Abteilungsleitung. Ich muss im Tagesgeschäft verfügbar sein, um die Arbeiten zu begleiten und Fragen zu beantworten

---

[13] Thomas, A. (1999).

Herausforderung:

Ich muss mich daran gewöhnen, dass ich mehr Zuversicht und Gelassenheit zeige – gerade in herausfordernden Situationen. Auch in Deutschland fällt bei ernsthaften Unterhaltungen gelegentlich eine lustige Bemerkung. Es ist jedoch im Gegensatz zu den USA kein bewusstes Anliegen, eine herausfordernde Situation aufzulockern, um für alle die Arbeit am Thema angenehmer zu gestalten.

Veränderungsbedarf:

Ich darf meine gute Laune ungefiltert zeigen oder die humorvolle Seite von Herausforderungen spielerisch kommentieren, ohne meinen Status als Führungskraft zu gefährden (Abb. 2.12 und Tab. 2.5).[14]

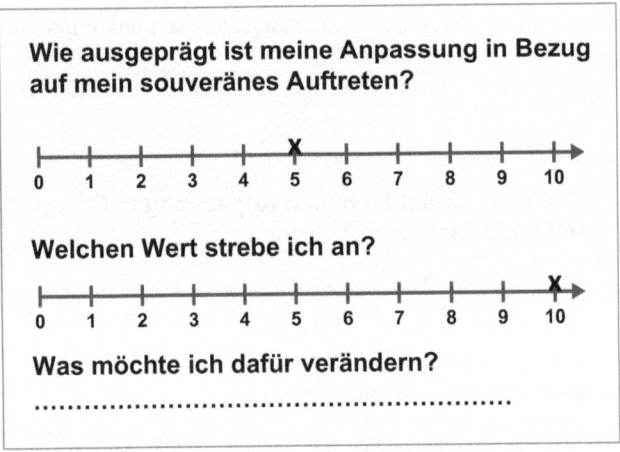

Abb. 2.12 USA-Transformator zum Beispiel „Souveränität zeigen"

Tab. 2.5 Verhaltensadaption zum Kriterium „Kontakte knüpfen"

Verhalten bisher	Erforderliche Verhaltensadaption
Die Zusammenarbeit in der Zentrale verlangt ein seriöses Auftreten: Man ist herzlich im Kontakt, zeigt jedoch durch sein Verhalten, dass man die Ernsthaftigkeit des Sachverhalts erkannt hat	Die Zusammenarbeit verlangt lockere Souveränität. So zeigt man in den USA, dass man auf die Herausforderungen optimistisch reagiert, die Aufgabe im Griff hat und anderen Personen Energie gibt
Zu viel gezeigte Unbeschwertheit wirkt eher unreif auf das Umfeld	Späße sind nicht nur erlaubt, sondern sogar gewünscht. Sonst wirkt man nicht souverän – und der Aufbau von Kontakten wird schwierig

[14]Thomas, A. (1999).

b) Kooperationserwartungen der amerikanischen Mitarbeiter respektieren

Paula Sprenger wird in Deutschland direkten Arbeitskontakt mit einigen amerikanischen Mitarbeitern von Joy haben. Paula muss lernen, wie sie die tägliche Zusammenarbeit mit diesen Kollegen gestalten soll. Frustriert sie die amerikanischen Experten, kommt die Kooperation zwischen Zentrale und Landesgesellschaft nicht in Schwung.

Handlungsfelder

- ▶   1) **Verantwortung übernehmen: Aufgabenverteilung und Rollen klären**
- ▶   2) **Motivierend führen: Zusammenarbeit gestalten**
- ▶   3) **Detailorientiert anleiten: Fragen der amerikanischen Mitarbeiter zulassen und ermutigend beantworten**

1) Verantwortung übernehmen

Die US-Kollegen, die mit mir arbeiten, erwarten schnelle, klare Entscheidungen. Ich kann von ihnen Entscheidungsvorlagen erwarten. Die Verantwortung soll ich spürbar für alle übernehmen.

Herausforderung:

Ich muss mich daran gewöhnen, mich intensiver in die Sachverhalte einzubringen als in Deutschland. Das ändert meine Zeitplanung, weil ich im Detail informiert sein und meine Entscheidungen mit den amerikanischen Kollegen besprechen muss.

Veränderungsbedarf:

Meine Betrachtungsweise muss sich ändern: Ich bin der Dirigent des Orchesters. Dazu ist es wichtig, noch besser zu verstehen, wie die einzelnen Musikinstrumente funktionieren und was jeder Musiker im Detail benötigt, um perfekte Töne zu produzieren (Tab. 2.6).

2) Motivierend führen

Deutsche wie amerikanische Teams freuen sich über eine motivierende Ansprache. Deutsche Mitarbeiter genießen den Freiraum in der Zusammenarbeit mit der Chefin. In den USA setzt man eher auf Ermutigung, engen Dialog zu den Aufgaben und viel Lob.

Herausforderung:

Ich soll die Motivation der amerikanischen Mitarbeiter bei jedem Schritt im Blick haben. Mein deutsches Team ist sehr stark durch die Aufgaben motiviert. In den USA muss

Tab. 2.6 Verhaltensadaption zum Kriterium „Verantwortung übernehmen"

Verhalten bisher	Erforderliche Verhaltensadaption
Verantwortung wird in Deutschland auf Experten übertragen, die darauf positiv reagieren. Nur bei Eskalationen bin ich direkt eingebunden	Die Verantwortung auch für kleine Schritte bleibt bei mir. Ich muss das Thema kontinuierlich im Verlauf durchdenken und dafür die Zeit einplanen

jedoch zusätzlich zur interessanten Aufgabe die Harmonie in der Zusammenarbeit gegeben sein. Darauf achte ich in Deutschland nur in zweiter Linie.

Veränderungsbedarf:

Ich möchte lernen, jeden Mitarbeiter immer wieder – auch mehrfach am Tag – gedanklich abzuholen und durch kurze Hinweise zu unterstützen. Dazu werde ich für mehr Interaktion zur Verfügung stehen: Ich werde mehr Zeit für Gespräche einplanen, meinen Arbeitstag entsprechend tackten und noch bewusster den Menschen hinter der Aufgabe sehen (Tab. 2.7).

3) Detailorientiert anleiten

Um die amerikanischen Kollegen ideal anzuleiten, ist es wichtig, mich auf deren Erwartungen einzulassen. Sie erwarten starke Guidance zu allen Schritten der Aufgabenbearbeitung.

Herausforderung:

Ich spreche lieber über Strategien als über die „Niederungen des Alltags". Bei deutschen Experten kommt das überwiegend gut an. Die Kollegen aus den USA sind an Reflexionen zur Arbeitsaufgabe sicher ebenfalls interessiert. Primär erwarten sie jedoch eine Managementleistung von mir à la „Manager, please manage me!".

Verhaltensveränderung:

Ich muss mich wieder daran gewöhnen, Details parat zu haben, wenn ich mit den amerikanischen Kollegen arbeite. Es geht darum, die Gleisstellung im operativen Geschäft zu leisten, damit sich die Mitarbeiter ihrerseits auf ihre definierten Aufgabenfelder konzentrieren können (Tab. 2.8).

4. Schritt: Im Rückspiegel – wie ging der Praxisfall weiter?

- Paula Sprenger lernt durch das Coaching, dass sie in den USA die gleichen Ziele erreichen muss wie in Deutschland. Die Kriterien, um ihre Performance zu messen, sind jedoch verschieden: Man erwartet mehr persönliche Interaktion. Das anfängliche Zähneknirschen (Paula hatte Angst, sich zu verbiegen) verschwindet. Sie entwickelt immer mehr Spaß daran, sich als Person und Führungskraft auch einmal in einer veränderten Rolle zu erleben.
- Bereits die nächste Dienstreise in die USA verläuft erfolgreicher, was ihre Akzeptanz bei den amerikanischen Mitarbeitern und Führungskräften angeht. Frau Sprenger tritt nicht als *show girl* auf, um für ihr Projekt zu werben. Sie versprüht jedoch

Tab. 2.7 Verhaltensadaption zum Kriterium „Motivierend führen"

Verhalten bisher	Erforderliche Verhaltensadaption
Im Mittelpunkt steht die Aufgabe. Die Abstimmung zur Bearbeitung ist normalerweise eher locker, deshalb wird die Meinung der Führungskraft vom Mitarbeiter nicht kontinuierlich für die Arbeitsanleitung nachgefragt	Bewusstes Umwerben der Mitarbeiter in jedem Kontakt, um Wertschätzung auszudrücken. Dies stärkt die Motivation und wird vom Team erwartet. Die Abstimmung ist eng und die Führungskraft wird kontinuierlich als Ansprechpartner benötigt

Tab. 2.8 Verhaltensadaption zum Kriterium „Detailorientiert anleiten"

Verhalten bisher	Erforderliche Verhaltensadaption
Ich spreche gerne über die strategischen Aspekte der Aufgaben mit meinen Mitarbeitern	Ich muss wieder – wie zu meinen Zeiten als Expertin – die Details in den Aufgabengebieten kennen, besprechen und steuern. Ich darf die amerikanischen Mitarbeiter nicht durch meinen „Rückzug von der Kundenfront" überfordern, sonst wirke ich im Tagesgeschäft inkompetent
Deutsche Mitarbeiter sind gerne eingebunden in die strategischen Entscheidungen. Sie möchten mitentscheiden. So überlasse ich viele Vorbereitungen und übergeordnete Abstimmungen den betroffenen Experten. Sie erleben das als positive Aufgabenerweiterung	Die amerikanischen Kollegen erwarten von mir, dass ich mich um die strategischen Themen kümmere. So haben sie Zeit, ihrem Arbeitsgebiet nachzugehen und sich auf das operative Geschäft zu konzentrieren. An der Zielerreichung dieser Aufgaben werden sie gemessen

durch ihre bewusst gezeigte gute Laune und ihre Freude an dem Aufenthalt in Atlanta mehr Glamour als zuvor. Sie macht ihr Interesse deutlich, die amerikanische Sichtweise zu Fragen der Kundenbeziehung noch besser zu verstehen. Es kostet sie keine Mühe, die im Coaching besprochenen Verhaltensadaptionen in der Praxis einzusetzen. So wirkt sie aus der Sicht der amerikanischen Kollegen optimistisch, entscheidungsfreudig, motiviert und energiegeladen. Damit gewinnt sie alle Herzen – und auch die Aufmerksamkeit des amerikanischen Top-Managements.

- Natürlich ist trotzdem auch bei der zweiten Dienstreise nicht alles „eitel Sonnenschein" zwischen der amerikanischen Landesgesellschaft und Paula Sprenger. Es gibt Interessenkonflikte zum Grad der Unabhängigkeit des US-Teams von der Zentrale. In dem Zusammenhang finden lange Diskussionen statt, wie die globalen Unternehmensstandards im operativen und strategischen Customer Relationship Management sinnvoll im amerikanischen Markt umgesetzt werden sollen. Paula Sprenger gelingt es durch ihren Vertrauensbonus, einen praktikablen Kompromiss zu erarbeiten.

- Trotzdem reagiert Paula Sprenger nach ihrer Rückkehr oft ungeduldig auf das Zusammenarbeitsmodell. Die intensiven Telefonate und Videokonferenzen mit den Mitarbeitern aus den USA sprengen regelmäßig ihr Zeitbudget. Es kommt noch hinzu: Sie steht wie Joy Harper für die Bearbeitung konkreter Arbeitsfragen jederzeit zur Verfügung und räumt diesen Aspekten Priorität gegenüber ihren anderen Verpflichtungen ein. Das erfordert einerseits ein Mehr an inhaltlicher Vorbereitung und andererseits Toleranz gegen kontinuierliche Störungen in ihrem persönlichen Tagesablauf. So fühlt sich Paula Sprenger anfangs permanent unter Zeitdruck. Die Investition lohnt sich jedoch: Die Zusammenarbeit verläuft schon nach zwei Monaten auffallend gut. Die amerikanischen Mitarbeiter verstehen schnell, was Paula wichtig ist. Nachdem gemeinsame Qualitätsstandards klar definiert und mehrfach geübt sind, erledigt das Team in Atlanta immer mehr selbstständig.

- Bald spricht sich herum, dass sich Paula Sprenger mit dem Projekt viel Mühe gegeben hat und die eine oder andere Stunde länger im Büro geblieben ist, um gut gelaunt für Fragen aus den USA zur Verfügung zu stehen. Paula hört, sie gilt jetzt als *hardworking woman* (= sehr engagierte Person) bei dem Amerikanern. Sie nimmt das als großes Kompliment – und so ist es auch gemeint.

5. **Schritt: Highlights and Lowlights im Praxisfall „Feedback-Kultur gestalten"**
   - Paula Sprenger fällt durch ihre ausgeprägte neutrale Beobachtungsgabe auf. Sie kann die kleinen Signale der amerikanischen Kollegen deuten und versteht, dass sie den Anforderungen an ihre Rolle auf den ersten Blick nicht genügt. Als sie das merkt, konsultiert sie Fachliteratur. Das zeichnet sie als pragmatische Persönlichkeit aus.
   - Durch ihre Lektüre und die Beobachtungen erkennt sie die unterschiedlichen Erwartungen an gelungene Interaktion in deutschen und amerikanischen Teams. Ihren anfänglichen Verdacht, Joy neige zu Mikromanagement, widerruft sie. Leider versteift sich Paula Sprenger zu lange auf ihre Rolle als Beobachterin und vergisst darüber, sich einzubringen.
   - Paula Sprenger war bei der ersten Dienstreise gedanklich nicht in Atlanta angekommen. Sie versucht, „ihr Ding durchzuziehen" und alle Aufträge der Zentrale pflichtbewusst zu erledigen. Das genügt in den USA normalerweise – auch bei fachlich exzellenter Vorbereitung – nicht, damit der Funke überspringt. Begeisterung für das Thema ist für Amerikaner zu Beginn eines Projektes wichtig, um motiviert bei der Sache zu bleiben. Frau Sprenger wirkt ein wenig nüchtern und tritt insgesamt zu defensiv auf. Es mangelt an Interaktion mit dem Team in den USA und an spürbarer Leidenschaft.
   - Paula holt allerdings schnell auf, nachdem sie sich über die Situation klar geworden ist. Nach der Phase der Passivität zeigt sie eine bemerkenswerte Veränderungsbereitschaft in einigen ausgewählten Handlungsfeldern. Im Laufe der Zusammenarbeit gewinnt sie mehr Spaß daran, ihre Persönlichkeit als Erfolgsfaktor einzusetzen.

Was nehmen Sie mit?
Sie haben den Praxisfall aus verschiedenen Perspektiven reflektiert. Bitte fassen Sie nun Ihre stärksten Eindrücke zusammen, um so Ihre Gedanken und Lernfortschritte zu dokumentieren. Das Arbeitsblatt hilft Ihnen dabei, in der Chronologie des Praxiskapitels vorzugehen:

Erster Schritt: Verantwortungsanzeiger

1) Aufmerksamkeitsratio

....

3) Motivation erhalten und fördern

....

Zweiter Schritt: Checkpoint/Kontrollpunkt

1) ....

2) ....

Dritter Schritt: Praxisgerechte Maßnahmen ableiten

1) USA-Transformator: Rollenerwartungen als Mitglied des Managements erfüllen

....

....

2) USA-Transformator: Kooperationserwartungen der amerikanischen Mitarbeiter respektieren

....

....

Fazit

- Es war ungeschickt, ohne konkrete interkulturelle Vorbereitung in die USA zu reisen und entscheidende Geschäftstermine wahrzunehmen.
- Paula Sprenger fehlte das passende Verhalten für den Erfolg in den USA: Ihr Auftritt wirkte verbissen, blass und aus amerikanischer Sicht unsicher.
- Die amerikanischen Kollegen verzeihen ihr dies jedoch im Laufe der Zusammenarbeit, weil sie schon beim nächsten Besuch ihre gewonnene interkulturelle Sensibilität für eine Verhaltensveränderung nutzt.

2.2.3 Praxisfall: Lob und Kritik formulieren

Praxisfall

Petra Maier ist seit drei Monaten Abteilungsleiterin für ein deutsches Unternehmen in den USA. Sie spricht sehr gut Englisch und fühlt sich wohl in der Kultur. Heute sitzt sie mit Jim Brown zusammen, um mit ihm ein Statusgespräch zu einem wichtigen Projekt zu führen. Als Jim berichtet, womit er im Augenblick befasst ist, ist Petra überrascht: Jim ist „Senior Expert" und befand es nicht für nötig, ihr früher von den massiven Verzögerungen zu erzählen. Erst nach bohrenden Fragen räumt er Schwierigkeiten ein. Überhaupt erscheint ihr das von Jim geschilderte Vorgehen dilettantisch: ständiges Brandlöschen, keine strategische Gleisstellung. Sie erklärt Jim ohne Beschönigung, dass sie von seinen aktuellen Ergebnissen enttäuscht sei. Jim verstummt und verhält sich bis zum Ende des Gesprächs wie eine Auster: verschlossen und still. Petra Maier versucht, die nächsten Schritte mit ihm zu besprechen und seine Sicht auf die Themen einzubeziehen. Immerhin wollen wir ja jetzt zu einer Lösung kommen, denkt Petra. Jim schweigt beharrlich und nickt nur bei jedem Ausspruch von ihr. Am Ende gehen sie ohne klare Vereinbarung auseinander.

Petra Maier und Jim Brown treffen sich einmal in der Woche zu einem Jour fixe. Jim ist Senior Expert und trägt für ein wichtiges Projekt die Verantwortung. Frau Maier hat ihm die Aufgabe zuversichtlich übertragen, da seine Qualifikation und seine Erfahrung dies rechtfertigen. Aus ihrer Sicht hat sie auch bereits ein solides Vertrauensverhältnis zu allen Mitarbeitern aufgebaut, so dass man sie bei kleinen und großen Hindernissen im Tagesgeschäft bei Bedarf konsultieren würde. In der letzten Woche fiel der Wochentermin wegen einer Geschäftsreise von Frau Maier aus. Da Jim ihre Nachfragen zur Projektentwicklung bei einem zufälligen Treffen in der Kaffeeküche mit dem Ausspruch „No problems – all under control" beantwortete, sah Frau Maier keinen Grund, das Gespräch vorzuziehen.

Diese Entscheidung bedauert sie jetzt – eine Woche später – zutiefst: Jim beantwortet ihre Fragen nach dem Status der Meilensteine im Projekt zuerst ausweichend mit beschönigenden Floskeln à la „I feel still confident". Erst als sie deutlicher wird, rückt er langsam mit der Sprache heraus und räumt ein, dass es seit zwei Wochen ernsthafte Störungen im Projektablauf gibt. Bisher ist es ihm nicht gelungen, die Situation in den Griff zu bekommen. Zögernd gibt er einen Überblick über die ergriffenen Maßnahmen, die Frau Maier allesamt eher kurzsichtig findet und im Stillen als puren Aktionismus einstuft. Am Ende von Jims Bericht gibt sie ihm ein zusammenfassendes Feedback und formuliert ihre Frustration und Enttäuschung, dass Jim sich nicht schon vor zwei Wochen mit einem Lagebericht an sie gewandt hat. Frau Maier macht deutlich, was sie von einem so erfahrenen Experten erwartet hätte: einen schnellen Bericht und strategische Lösungsansätze – oder zumindest die Bitte um Unterstützung. Einfach den Kopf in den Sand zu stecken und in aller Ruhe den nächsten Jour fixe abzuwarten, findet Frau Maier nicht okay und sagt das Jim auch genauso. Ihr Tonfall ist bestimmt, aber nicht hitzig, sondern durchaus höflich. Sie hat bereits einige Jahre Führungserfahrung in Deutschland gesammelt und gelernt – trotz ihrer flexiblen, spontanen Persönlichkeit –, ihre Emotionen zu beherrschen.

Jim wird im Laufe des Gespräches immer ruhiger. Er nickt zu jedem Ausspruch von Frau Maier. Als sie jedoch nach ihrer „kleinen Standpauke" versucht, Jim in die Lösungsfindung einzubeziehen, schweigt er und murmelt: „I don't know."

Petra Maier ist überrascht. Von dieser schüchternen Seite kennt sie ihren selbstbewussten Mitarbeiter noch nicht. Nach weiteren fünf Minuten bricht die Führungskraft das Gespräch schließlich ab. Jim gibt keinen Laut mehr von sich und man trennt sich ohne klare Vereinbarung zu den nächsten Schritten. Frau Maier dämmert langsam, dass ihr das Gespräch offensichtlich misslungen war.

=> **Aufgabenstellung und Problemanalyse**

Petra Maier ist eine Führungskraft, die seit Kurzem ein US-amerikanisches Team leitet. Bei einem Routinegespräch mit einem ihrer wichtigsten Mitarbeiter merkt sie, dass Jim sie über bedeutende Verzögerungen in einem Projekt nicht informiert hat. Sie fühlt sich hinters Licht geführt. Sie äußert ihr Missfallen ungefiltert und möchte anschließend Jim in die Lösung der Aufgabe einbeziehen. Dieser Versuch misslingt gründlich: Jim schweigt beharrlich. Am Ende des Gesprächs ist das Problem noch nicht gelöst. Frau Maier merkt, dass sie die Beziehungsebene mit Jim überstrapaziert hat. Die Auflösung der Lage ist ihr unklar.

Systematik: Führungskompass

1. Schritt: Führungskommunikation von Petra Maier einschätzen
2. Schritt: Checkpoint
3. Schritt: Praxisgerechte Maßnahmen ableiten
4. Schritt: Im Rückspiegel – wie ging der Praxisfall weiter?
5. Schritt: Highlights and Lowlights im Praxisfall „Lob und Kritik formulieren"

1. Schritt: Führungskommunikation von Petra Maier einschätzen

Ihr Lernvorteil

In diesem Abschnitt erfahren Sie mehr darüber, wie in den USA die Interaktion zwischen Mitarbeiter und Führungskraft verläuft. Die Systematik „Führungskompass" geht darauf ein, wie Sie die Leistung eines Mitarbeiters kritisch mit ihr/ihm reflektieren, ohne zu demotivieren.

Petra Maier ist unvermittelt in eine herausfordernde Führungssituation mit Jim geraten: Sie hat Jims Beschwichtigungen vertraut und fühlt sich sowohl inhaltlich überrumpelt als auch menschlich enttäuscht:

Textbeispiel aus dem Praxisfall

Am Ende von Jims Bericht gibt sie ihm ein zusammenfassendes Feedback und formuliert ihre Frustration und Enttäuschung, dass Jim sich nicht schon vor zwei Wochen mit einem Lagebericht an sie gewandt hat.

Aus deutscher Sicht kommt in solchen Situationen schnell der Verdacht von „bewusster Unehrlichkeit" auf der Seite des amerikanischen Mitarbeiters auf. In Deutschland hätten wir wahrscheinlich auch zwischen Tür und Angel von Problemen berichtet und die Führungskraft sensibilisiert, was den schwierigen Projektstatus angeht.

In den USA fällt es vielen Menschen schwer, negative Nachrichten zu überbringen. Grund sind das amerikanische Höflichkeitskonzept und die Vorliebe für positive Themen im Sprechverhalten (siehe vorstehend). Jim möchte seine Chefin nicht systematisch belügen. Er hat vielmehr die Hoffnung, die Sache noch alleine zu klären und eine Lösung präsentieren zu können. Aus dem Grund möchte er Frau Maier nicht unvermittelt in der Kaffeeküche mit den Schwierigkeiten konfrontieren:

Textbeispiel aus dem Praxisfall

In der letzten Woche fiel der Wochentermin wegen einer Geschäftsreise von Frau Maier aus. Da Jim ihre Nachfragen zur Projektentwicklung bei einem zufälligen Treffen in der Kaffeeküche mit dem Ausspruch „No problems – all under control" beantwortete, sah Frau Maier keinen Grund, das Gespräch vorzuziehen.

Das war keine Glanzleistung des Senior Experts. Es ist jedoch ein Handlungsmuster, mit dem man in den USA häufig konfrontiert wird: Missstände werden lieber unter den Teppich gekehrt. So lange, bis sie sich nicht mehr verbergen lassen. Viele meiner deutschen Kunden empfinden dies im Kontakt mit Amerikanern als unaufrichtig. In den USA denkt man sich jedoch nicht viel dabei, außer dass man die gute Laune nicht mit Hiobsbotschaften vergiften möchte.

Frau Maier ist erst seit Kurzem die Führungskraft von Jim. Beide Seiten können die Persönlichkeit des anderen noch nicht zuverlässig einschätzen, insbesondere nicht das Verhalten unter Stress. Es wäre, angesichts der Wichtigkeit des Projekts und der Tendenz der Amerikaner, Schwierigkeiten auszublenden, klüger von Frau Maier gewesen, Jims Aussagen grundsätzlich zu hinterfragen und den Jour fixe vorzuziehen.

Frau Maier merkt im Gespräch aufgrund ihrer Führungserfahrung, dass Jim wichtige Informationen zurückhält: Er geht zuerst nicht konkret auf die Fragen seiner Chefin ein:

Textbeispiel aus dem Praxisfall

Jim beantwortet ihre Fragen nach dem Status der Meilensteine im Projekt zuerst ausweichend mit beschönigenden Floskeln à la „I feel still confident". Erst als sie deutlicher wird, rückt er langsam mit der Sprache heraus und räumt ein, dass es seit zwei Wochen ernsthafte Störungen im Projektablauf gibt.

Petra Maier zeigt, dass sie zu Recht eine Abteilung leitet: Sie lässt sich nicht von Jim vertrösten und verfolgt ihren roten Faden. Als sie nun über die Situation komplett im Bilde ist, reagiert sie mit merklicher Missbilligung. Sie hätte sich gewünscht, dass Jim sie umgehend über die Störungen im Projekt informiert. Petra Maier ist verärgert, dass er sie erst nachträglich und eher gezwungenermaßen einbezieht. Sie äußert diese Einschätzung ungefiltert und direkt:

Textbeispiel aus dem Praxisfall

Einfach den Kopf in den Sand zu stecken und in aller Ruhe den nächsten Jour fixe abzuwarten, findet Frau Maier nicht okay und sagt das Jim auch genauso. Ihr Tonfall ist

bestimmt, aber nicht hitzig, sondern durchaus höflich. Sie hat bereits einige Jahre Füh-
rungserfahrung in Deutschland gesammelt und gelernt, ihre Emotionen zu beherrschen.

Auch aus der Sicht von Jim ist es nachvollziehbar, dass seine Chefin nicht glücklich über die Situation ist. Vermutlich ist ihm klar, dass er nicht angemessen reagiert hat. Der direkte Hinweis, dass sein Verhalten „nicht okay war" ist jedoch aus amerikanischer Sicht nicht so höflich wie von Frau Maier geplant.

Für Jims Ohren klingen diese Worte brüsk. Aus amerikanischer Sicht hat Frau Maier ihren Mitarbeiter scharf zurechtgewiesen. Sie bleibt zwar unaufgeregt, ihre Anspra-che an Jim gerät allerdings von ihr unbemerkt zu ruppig. Die von Petra Maier geplante „kleine Standpauke" verfehlt damit ihr Ziel: Sie rüttelt Jim nicht im Sinne einer kleinen Zurechtweisung auf, sondern er fühlt sich persönlich angegriffen und stark kritisiert. Da-rauf reagiert Jim mit Rückzug:

Textbeispiel aus dem Praxisfall

Jim wird im Laufe des Gespräches immer ruhiger. Er nickt zu jedem Ausspruch von Frau Maier. Als sie jedoch nach ihrer „kleinen Standpauke" versucht, Jim in die Lö-sungsfindung einzubeziehen, schweigt er und murmelt: „I don't know."
Petra Maier ist überrascht. Von dieser schüchternen Seite kennt sie ihren selbstbe-wussten Mitarbeiter noch nicht. Nach weiteren fünf Minuten bricht die Führungskraft das Gespräch schließlich ab. Jim gibt keinen Laut mehr von sich und man trennt sich ohne klare Vereinbarung zu den nächsten Schritten.

Es kommt hinzu: Petra Maier zeigt aus Jims Sicht nicht die von Führungskräften in den USA gewünschte Souveränität in kleinen und großen Krisensituationen.[15] Jim bezweifelt vermutlich auch Frau Maiers Führungskompetenzen, da sie nicht den richtigen Ton ge-troffen hat. Petra Maier erleidet einen Imageverlust bei Jim. In dieser Situation ist nicht mehr zu erwarten, dass Jim eigene Lösungsvorschläge vorbringt oder sich zumindest an der Diskussion mit Petra Maier beteiligt.

Petra Maier reflektiert das Gespräch: Sie hat im Sinne des Projektes und ihrer Verantwortung für das Unternehmen grundsätzlich richtig gehandelt. Auch ein amerikani-scher Manager hätte bei Jims Verhalten im Statusgespräch sofort mit Besorgnis und ge-zielten Rückfragen reagiert. Jetzt merkt Frau Maier: Ebenso wichtig für den Gesprächs-erfolg wäre es gewesen, kultursensibel zu kommunizieren.

Sie stellt mit einem Seufzer fest: Ihre Sorgen haben sich nach dem Jour fixe mit Jim verdoppelt, denn jetzt muss sie zwei Problemkreise lösen. Neben der Störung im Projekt-ablauf hat sie die Beziehung zu ihrem Senior Expert Jim belastet und das noch junge Ver-trauensverhältnis überstrapaziert. Sie nimmt sich vor, eine Nacht über die Begegnung zu schlafen und alles noch einmal in Ruhe zu überdenken. Am nächsten Tag versucht sie erneut, mit Jim ins Gespräch zu kommen. Begleiten Sie Petra Maier auf den nächsten Schritten.

---

[15] Thomas, A. (1999, 2006); Thomas et al. (2006).

Praxistipp Leadership

In den USA ist es wichtig, ein offizielles Mandat für Feedback zu haben: als Führungskraft oder Kunde. Im Praxisfall ist das Rollenverhältnis geklärt, denn Petra Maier ist die Chefin von Jim. Anders als in Deutschland ist bilaterales Feedback zwischen Kollegen in der Abteilung oder im Projekt ist *nicht* üblich und wird mit großer Verwunderung quittiert. Prüfen Sie zuerst, ob Sie aus der Sicht ihrer amerikanischen Partner überhaupt ein „Sprechrecht" besitzen, bevor Sie auf Verbesserungspotenziale hinweisen. Dabei spielt es keine Rolle, wie wertvoll Ihr Impuls für den Gesamterfolg möglicherweise ist. Solange Ihre US-Kolleginnen und -Kollegen Sie nicht um Feedback bitten, gilt es als ausgesprochen „bossy" – und ist somit unerwünscht –, wenn Sie sich in die Arbeitsweise von hierarchisch gleichgestellten Personen unautorisiert einmischen. Sie spielen sich damit zur Chefin auf und spielen den „Durchgreifer". Das lehnen Amerikaner ab.

2. Schritt: Checkpoint

Ihr Lernvorteil

Nutzen Sie diesen Abschnitt, um sich Ihre Eindrücke zum Praxisfall strukturiert vor Augen zu führen. Bitte klären Sie, ob Sie sich der Analyse von Petra Maiers Verhalten anschließen oder ob Sie eine andere Auffassung dazu haben.

Kulturnavigator

1) Wie schätzen Sie die Bedürfnisse von Petra Maier ein?

....

....

2) Wie beurteilen Sie das Vorgehen von Petra Maier und ihrem Team?

....

....

3) Welche Veränderungen in der Zusammenarbeit schlagen Sie vor?

....

....

2.2.4 Kultursensible Handlungsoptionen mit Empfehlung

3. Schritt: Praxisgerechte Maßnahmen ableiten

Ihr Lernvorteil

Der Abschnitt zeigt Ihnen, wie Petra Maier kultursensible Handlungsoptionen sammelt, in ihre Führungsarbeit integriert und so die Situation entspannt.

Petra Maier nutzt den Abend, um die Inhalte ihres interkulturellen Entsendungstrainings durchzuarbeiten, welches sie vor Antritt ihrer neuen Aufgabe in Deutschland besucht hat. Sie nimmt die Unterlagen zur Hand. Schon nach einem kurzen Blick auf den Punkt „Feedback-Gespräche mit der Sandwich-Technik" versteht Frau Maier, warum ihr Gespräch mit Jim schiefgelaufen ist:

Sie war unvermutet und unvorbereitet in diese Situation geraten. In der Hitze des Gefechts berücksichtigte sie die Informationen aus dem Seminar nicht, sondern sie ging nach ihrem praxiserprobten – für deutsche Gesprächsteilnehmer geeigneten – Verhaltensmuster vor. Die Sandwich-Technik kam nicht zum Einsatz. Das war in der spezifischen Situation in den USA nicht hilfreich. Das versteht Petra Maier jetzt mit etwas mehr gedanklichem Abstand.

> **Praxistipp Formulierungen im Kritikgespräch**
> Amerikaner bringen Kritik so charmant vor, dass man aus deutscher Sicht nicht immer bemerkt, dass Optimierungsbedarf besteht. In den USA bevorzugt man zukunftsorientierte und lösungsorientierte Formulierungen, selbst wenn man Kritik am aktuellen Verhalten zum Ausdruck bringt. Die deutsche Gesprächsstruktur erscheint in solchen Situationen hingegen häufig unnötig rückwärtsgerichtet und problemorientiert. Prüfen Sie Ihren Wortschatz, wenn Sie mit der Reaktion auf Ihr Feedback noch nicht zufrieden sind.

In der Abb. 2.13 und im Text unten sehen Sie den Aufbau eines Kritikgespräches nach der Sandwich-Technik, den man in den USA normalerweise verfolgt.

Aus amerikanischer Sicht ist es in jedem Moment der Interaktion wichtig, niemanden so zu kritisieren, dass sie/er sich entmutigt fühlt. Dies würde im Kontext von Arbeit, Ausbildung oder Schule als dauerhaft demotivierend aufgefasst werden.

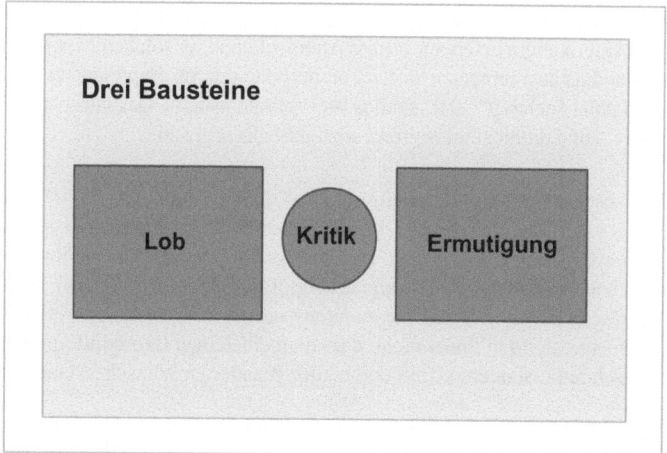

Abb. 2.13 Sandwich-Technik

Für Amerikaner ist es guter Stil, wenn Kritik von Lob und anerkennender Zuversicht eingerahmt wird, so wie es die „Sandwich-Technik" vorschlägt. Dies betrachtet man als konstruktiver als einen zu ausführlichen Fokus auf die Schwächen der Performance im Gespräch. Die Analogie zum Sandwich ist typisch für die US-Kultur durch den Bezug zu positiven Gedanken (das Narrativ „leckerer Brotbelag" stellt für den Genießer von Sandwiches normalerweise keinen Problemfall dar.).

Der ideale Start in ein Kritikgespräch sind offene Fragen à la: *Wie ist Dein Blick auf den Projektstatus? Bist Du mit den Fortschritten zufrieden?*

So hat der Mitarbeiter selbst die Chance, mögliche Defizite oder Schwächen aufzuzeigen. Es gehört zur Etikette, sich die Auffassung des Mitarbeiters mit merklichem Interesse anzuhören. Dann folgen drei Gesprächsabschnitte (Tab. 2.9).

Tab. 2.9 Gesprächsstruktur Kritikgespräch

Gesprächsabschnitte im Kritikgespräch mit US-Partnern
1. Lob
Die Führungskraft bespricht ausführlich positive Aspekte der Zusammenarbeit, sowohl inhaltlich als auch auf der Beziehungsebene. Das macht sie ohne Hast und gerne mit Blick auf die Mikroebene. Es geht darum, positive Signale zu senden und das gezeigte gewünschte Verhalten beim Mitarbeiter durch die Rückkopplung gezielt zu verstärken. Selbst bei leistungsschwachen Mitarbeitern geizt sie an der Stellte nicht mit Wertschätzung – zur Not zu kleinen Dingen.
2. Kritik
Verbesserungsfähige Aspekte der Zusammenarbeit werden in der zweiten Gesprächsphase angesprochen. Im Gegensatz zu Deutschland, wo man die Kritikpunkte ausführlich zusammen analysiert und mit Beispielen unterlegt, bevorzugt man in den USA eine knappe Skizzierung des Schwachpunktes. Der Mitarbeiter kann selbstverständlich Verständnisfragen stellen. Trotzdem werden beide Gesprächspartner sich eher kurz mit dem Punkt befassen. Man toleriert es, dass der Kritikpunkt für den Mitarbeiter inhaltlich noch nicht restlos geklärt ist, bevor man zu ausführlich darüber spricht. Dies würde die Stimmung zu sehr belasten. Im perfekten Kritikgespräch äußert die Führungskraft jedoch den angestrebten Erwartungshorizont. Amerikanern erscheint unsere Angewohnheit, in solchen Momenten jedes potenzielle Missverständnis ausräumen zu wollen, demotivierend. Sie empfinden es häufig so, als wollten wir „den Fehler sezieren" oder „endlos im Problem baden". Das wirkt auf Amerikaner destruktiv – und damit sinnlos – und wird deshalb abgelehnt.
3. Anerkennung
Im letzten Gesprächsabschnitt ermutigt die Führungskraft den Mitarbeiter nachdrücklich. Dieser Moment ist aus amerikanischer Sicht sehr wichtig und ein bewusstes Anliegen. Man möchte den Mitarbeiter motivieren und zeigen, dass man uneingeschränkt an sie/ihn glaubt. An dieser Stelle wird natürlich auch gemeinsam darüber diskutiert, welche Lösung besonders sinnvoll ist. Amerikanische Führungskräfte bieten intensive Anleitungen bei der Auswahl der Methoden und Instrumente an. Man findet nicht, dass man eine/einen Expertin/Experten damit in ihrem Freiraum beschränkt, sondern erfüllt den häufig geäußerten Wunsch „Manager, please manage me!".

Praxistipp Zeiteinteilung im Kritikgespräch

Die Zeiteinteilung im Kritikgespräch ist ein wichtiger Erfolgsfaktor. Fragt man amerikanische Rhetoriktrainer nach der idealen Struktur, empfehlen sie einen Gesprächsaufbau in einem Verhältnis von 10:1 oder maximal 10:2, was die Verteilung von Lob/Anerkennung versus Kritik betrifft. Das bedeutet: Bei einem einstündigen Gespräch widmen Sie der Kritik lediglich sechs bis zwölf Minuten:

- Vier Zeitanteile für das Lob
- Einen oder zwei Zeitanteile für die Kritik
- Vier Zeitanteile für die Ermutigung

Das erfordert für deutsche Sprecher meist eine willentliche Anstrengung, die schon bei einer geringen Dosis Stress in Vergessenheit gerät – wie das Verhalten von Petra Maier im Praxisfall illustriert.

Petra Maier ist nach der Lektüre klar: Sie hat die „Sandwich-Technik" geradezu ignoriert und somit ein klassisch deutsches Gespräch geführt. Die Kritikpunkte hat sie unvermittelt und ungeschminkt zum Ausdruck gebracht.

Die Kritikphase hat zwei Drittel der Gesprächszeit eingenommen, denn sie hat ausführlich über Versäumnisse von Jim behandelt. Das ist aus amerikanischer Sicht deutlich zu lange. Lob oder Ermutigung sind in ihren Ausführungen nicht vorgekommen.

Kurz und gut: Jim ist mit voller Wucht von ihrer ausführlich vorgetragenen Missbilligung getroffen worden. Kein Wunder, dass er „zur Auster wurde" und sich nicht mehr am Gespräch beteiligt hat. Er hat sich als Experte und Person komplett in Frage gestellt gefühlt, statt mit konstruktivem Feedback versorgt zu werden. Petra Maier nimmt sich vor, die Situation schnell zu klären.

Am nächsten Morgen geht Frau Maier absichtlich früher als üblich ins Büro. Sie weiß, dass Jim Frühaufsteher ist, und hofft, ihn zum Arbeitsbeginn ohne umständliche Terminabstimmung zu sprechen. Sie hat Glück: Frau Maier trifft in der ansonsten noch leeren Kaffeeküche auf Jim, der sie mit einem schüchternen Blick begrüßt.

Frau Maier ist gut vorbereitet und baut ihre Aussagen planvoll und zielgerichtet auf:

- Mit einem herzlichen Lächeln begrüßt sie Jim und nach dem üblichen Austausch von *„How are you? Great, it is a fantastic day!"* zwischen den beiden fragt Frau Maier, wie Jim ihr Gespräch gestern empfunden hat.
- Jim reagiert mit einer Mischung aus sichtbarer Überraschung und Freude auf die Frage. Nach kurzem Überlegen sagt er: „Petra, ich bedanke mich für Dein offenes Feedback. Ich hätte Dich früher informieren sollen. Zu dem Punkt warst Du sehr deutlich."
- Frau Maier blickt Jim fest ins Gesicht und nickt zustimmend. Sie ordnet die Aussage von Jim richtig ein: Sie hört sowohl Jims inhaltliche Zustimmung zu ihrer Kritik als auch seinen sanften Protest zu ihrem Gesprächsverhalten.

- Mit einem Lächeln fährt sie fort: „Jim, ich danke Dir für Deinen Einsatz in dem Projekt. Es ist ein wichtiges Thema für unsere Abteilung und ich merke, dass Du Dir viel Mühe mit der Aufgabe gibst. Das ist toll und ich bin sehr froh, dass wir als Abteilung Deine Erfahrung auf unserer Seite haben.“

- Jims Körpersprache verändert sich bei dieser Aussage sofort: Der gerade noch zurückhaltende Experte verwandelt sich wieder in einen selbstbewussten Projektleiter mit zuversichtlichem Blick und offenem Lächeln. Als Petra Maier diesen Effekt beobachtet, fühlt sie sich erleichtert. Der erste Stimmungswechsel hat geklappt, denkt sie bei sich. Jetzt muss noch der nächste Schritt funktionieren. Sie nimmt sich vor, die Situation mit Humor zu lösen.

- Petra Maier sagt zu ihrem Mitarbeiter: „Jim, ich hatte gestern nach unserem Gespräch das Gefühl, dass ich mich sprachlich unglücklich ausgedrückt habe. Wahrscheinlich hast Du Dich kritisiert gefühlt, oder?“ – Jim lächelt an dieser Stelle kurz, erwidert aber nichts und wartet ab.

- Mit einem verschmitzten Lächeln im Gesicht und offensichtlich gespielter Strenge in der Stimme fährt Frau Maier fort: „Ich glaube, ich muss mit meinem Englischtrainer schimpfen. Vermutlich habe ich Dir das Gefühl gegeben, dass mir Dein Einsatz in dem Projekt nicht wichtig ist. Bitte verstehe: Englisch ist nicht meine Muttersprache. Da passiert es mir ab und zu, dass ich mich in Gesprächen nicht so gut ausdrücke wie eine Amerikanerin.“ Und erneut mit einem Lächeln sagt sie: „Ich muss das in meinen Englischstunden dringend noch besser üben.“

- Jim reagiert lachend: „Petra, Dein Englisch ist perfekt. Ich wünschte, ich könnte nur halb so gut Deutsch wie Du Englisch. Ich würde lieber nicht mit Deinem Englischlehrer schimpfen. Der Mann macht einen wunderbaren Job.“ Nach einem Moment fügt er hinzu: „Du warst nicht zufrieden mit meiner Performance im Projekt. Ich möchte mich natürlich verbessern und die Sache schnell wieder in den Griff kriegen. Dazu ist mir Deine Meinung sehr wichtig.“

- Frau Maier ist begeistert, denn offensichtlich hat Jim über die Angelegenheit nachgedacht. Ihre Gesprächsstrategie funktioniert. Der Mitarbeiter hat sich emotional geöffnet und der Dialog kommt in Gang.

- Sie bittet Jim zu einem gemeinsamen Kaffee in ihr Büro, um das Gespräch zum Projekt in Ruhe fortzusetzen. Dort zaubert sie ohne Erklärung eine Schachtel mit Donuts aus ihrer Handtasche.

- Jim greift gerne zu. Er versteht, dass Petra ihm ihre Wertschätzung zeigen will. Das stellt seinen verletzten Stolz wieder her und er ist nun bereit, gemeinsam mit Petra konstruktiv an der Problemlösung zu arbeiten. Er schlägt im Laufe des Gesprächs wertvolle Verbesserungen für die Projektsteuerung vor, überlässt Petra jedoch die Entscheidung. Petra Maier nimmt sich viel Zeit, die beste Herangehensweise für ihn, an die Situation und die betroffenen Kollegen zu finden. Das Gespräch gelingt. Jim kehrt motiviert an seinen Schreibtisch zurück.

Praxistipp Notlüge zu Ihren Englischkenntnissen

Wenn Sie das Gefühl haben, Sie haben sich in einem Meeting und einem Gespräch in den USA vergaloppiert und/oder Kulturstandards missachtet: Nutzen Sie eine kleine Notlüge und schieben das Malheur auf Ihre „noch mangelhaften" Englischkenntnisse. Dabei ist es egal, wie gut Sie in der Sprache schon zu Hause sind.

Diese Entschuldigung löst bei Amerikanern fast automatisch positive Reflexe aus und sorgt erfahrungsgemäß für „offene Ohren und offene Herzen": Sie bieten eine plausible Begründung für das Missgeschick an und niemand verliert sein Gesicht. Das macht es für alle Beteiligten leicht, die Angelegenheit konstruktiv zu lösen und in gutem Einvernehmen „zu den Akten zu legen".

Zudem haben es Gesprächspartner erneut vor Augen, dass Sie den ganzen Tag mit einer Fremdsprache umgehen und tendenziell gegenüber den Muttersprachlern im Artikulationsvermögen benachteiligt sind. Im Alltag neigt man in den USA – als klassisches Einwanderungsland – dazu, diese Herausforderung herunterzuspielen. So vergessen Ihre amerikanischen Partner schnell Ihre Situation in sprachlicher wie kultureller Hinsicht. Auch bei bester Integrationsleistung kann es aus meiner Sicht nicht schaden, ab und zu auf diesen Punkt hinzuweisen – und gelegentlich einen Vorteil daraus abzuleiten.

Frau Maier ist mit der Klärung der Situation zufrieden. Sie hat sich auf die Sandwich-Strategie konzentriert, den Leitfaden berücksichtigt und ihre Argumente erfolgreich zum Einsatz gebracht. Das gute Einvernehmen mit Jim ist wiederhergestellt. So steht die motivierte Aufgabenerfüllung für Jim wieder im Fokus.

Ihr einziger Schmerzpunkt ist: Sie hat zwei Stunden mit ihrem Mitarbeiter verbracht und so kommt ihr gesamter Terminplan an dem Tag durcheinander. Dies ist jedoch weniger problematisch als gedacht. Alle Kolleginnen und Kollegen reagieren flexibel auf die neue Terminplanung und den Hinweis, dass sie ein wichtiges Gespräch mit einem Mitarbeiter führen musste.

Praxistipp Flexible Zeitplanung

In den USA ist ein flexibler Umgang mit Zeitplanung trotz aller Professionalität ein hoher Wert. Insbesondere für die Lösung kurzfristig aufkommender Probleme nimmt man sich normalerweise sofort Zeit. In vielen Unternehmen gibt es den Leitsatz „people first". Er signalisiert, dass zwischenmenschliche Anliegen im Arbeitsalltag einen hohen Stellenwert haben (sollen). Je nach Unternehmenskultur kommt dieses Motto unterschiedlich stark zum Einsatz. Ich rate Ihnen dazu, in den USA den Beziehungsthemen eine höhere Priorität zuzuordnen als den Sachthemen.

Im Laufe der nächsten Tage denkt Frau Maier immer wieder über diesen „culture clash" nach. Sie ist noch immer der Auffassung, dass Jims Verhalten nicht seiner Rolle als Senior Expert entspricht – aus deutscher Sicht. Es war ihr deshalb wichtig, keine Entschuldigung auszusprechen und trotzdem zurückzurudern. Sie ist bereit, ihr Verhalten an das neue Umfeld anzupassen.

Seufzend gesteht sie sich ein: „Unter Druck reagiere ich noch nicht durchgängig so kultursensibel, wie das Team es von mir erwartet. Das ist enttäuschend – für mich und andere. Ich dachte, ich wäre als Führungskraft schon weiter und zeige immer ein stabiles Verhalten." Frau Maier nimmt sich vor, diese Schwäche nicht aus den Augen zu verlieren.

4. **Schritt: Im Rückspiegel – wie ging der Praxisfall weiter?**

- Petra Maier hat eine flexible und spontane Persönlichkeit, weshalb wirkt sie auf viele Amerikaner vom ersten Moment an sympathisch. Allerdings sorgt genau ihre Spontaneität dafür, dass sie in den nächsten Monaten bei Feedback-Gesprächen mit ihrem Team noch öfter ins Fettnäpfchen tritt. Sie hatte in Deutschland bereits gut gelernt, die für eine Führungskraft nötige Selbstbeherrschung im Kontakt mit ihren Mitarbeitern aufzubauen. In den USA nutzt ihr das wenig: Das gelernte Verhaltensmuster kommt wieder durcheinander. Sie vergisst in den ersten Monaten immer wieder, die „Sandwich-Struktur" in ihre Mitarbeitergespräche einzubauen, denn sie spricht zu ausführlich über die Kritikpunkte. Als ihr das auffällt, organisiert sie ein Telefoncoaching mit einer interkulturellen Beraterin aus Deutschland. Sie merkt, dass sie eine regelmäßige Sensibilisierung zu diesem Punkt benötigt, um die Verhaltensveränderung im Alltag zu zeigen.
- Das Team von Frau Maier lernt, mit der Direktheit der Chefin umzugehen. Frau Maier spricht ihre „Germanness" immer mal wieder zwanglos an, um mögliche Missverständnisse auszuräumen. Sie setzt das Argument bewusst ein, um dem Austausch zu beziehungsorientierten Themen den nötigen Anlass und Raum zu geben. Petra Maier nimmt eine Anregung aus dem Telefoncoaching auf und führt ein 360-Grad-Feedback im Team ein. Mit dieser Systematik geben sich alle Teammitglieder Rückkopplung zur guten Zusammenarbeit. Auch die Führungskraft wird in diesem Rahmen vom Team eingeschätzt. Frau Maier integriert das Instrument mit „deutscher Gründlichkeit", wie sie ihrem Team lachend ankündigt. Zweimal im Jahr sollen sich alle selbst beurteilen und erhalten – um Selbst- und Fremdwahrnehmung zu vergleichen – danach strukturiert Feedback von den anderen. Das Vorgehen ist dem amerikanischen Team bereits bekannt. Diese konsequente Durchführung durch Frau Maier setzt jedoch einen neuen Standard.[16]
- Petra Maier lernt durch das Feedback des Teams nicht nur viel über ihre eigene Performance. Sie versteht auch besser, in welcher Form Feedback in den USA gut akzeptiert wird. Die Zusammenarbeit mit ihren Mitarbeitern verläuft so konstruktiv, dass das Team sie nach den ersten drei Jahren der Entsendung sogar um eine Ver-

---

[16]Thomas, A. (2006).

längerung bittet. Petra Maier bleibt gerne länger. Durch ihre Erfolge in den USA steht sie in dem Ruf, international handlungsfähig zu sein. Damit empfiehlt sie sich im Unternehmen für weiterführende Aufgaben und verfolgt in den nächsten Jahren viele spannende Themenstellungen in Amerika.

5. Schritt: Highlights and Lowlights im Praxisfall „Lob und Kritik formulieren"

- Petra Maier fällt durch ihre umsichtige Vorgehensweise auf: Sie hat vor der Entsendung in die USA ein vom Unternehmen angebotenes interkulturelles Training besucht. Als Frau Maier den Bedarf erkennt, konsultiert sie die Teilnehmerunterlagen und zieht schnell die richtigen Schlüsse in Bezug auf ihr Kritikgespräch mit Jim. Das spricht für eine intensive Beschäftigung mit den Inhalten bereits im Vorfeld und ist ein Highlight.
- Besonders überzeugend ist die gute Balance zwischen Frau Maiers Qualitätsanspruch und ihrer Beziehungsorientierung. Als sie merkt, dass ihr Umgang mit Jim zwar in Bezug auf ihre bisherigen Führungserfahrungen in Deutschland gerechtfertigt ist, in den USA jedoch nicht funktioniert, ist sie schnell bereit dazuzulernen. Ihre Handlungskompetenz ist stark ausgeprägt.
- Hier zeigt sie ein hohes Maß an Kultursensibilität, als sie am nächsten Tag auf Jims emotionalen Rückzug reagiert und dabei die passende Dosis Humor einbezieht, um dem Thema bei aller Ernsthaftigkeit die Schwere zu nehmen.
- Eher ungeschickt ist es, ihren Mitarbeiter Jim vor der Geschäftsreise nicht um einen feinmaschigen Statusreport zu bitten. Hier hat sie zu unbedacht ein deutsches Handlungsmuster auf die neue Situation in den USA übertragen. Das muss man als Lowlight einschätzen.
- Frau Maier ist routiniert im Führen von Mitarbeitergesprächen. Sie ist hier jedoch in einer Phase der Kulturadaption. Selbst ein milder Kulturschock sorgt dafür, dass bereits gut gelernte und verankerte Verhaltensmuster kurzfristig wieder verloren gehen. Genau das ist Frau Maier passiert: Sie hat im interkulturellen Training schon von der Sandwich-Technik gehört und auch in Deutschland ihre Mitarbeitergespräche wertschätzend geführt. Als die Situation mit Jim den Einsatz des Modells erfordert hätte, konnte sie nicht auf das gelernte Wissen zurückgreifen und es in die Praxis übertragen. Das ist normal. Gerade weil solche Malheurs typisch für den Beginn eines Auslandsaufenthaltes sind, wünscht man sich jedoch deren Vermeidung. Ich rate zu einer angemessenen Begleitung der Führungskraft in den ersten Monaten in Form von Mentoring oder einer Fachberatung.

Fazit

- Nobody is perfect. Trotz des misslungenen Gesprächs hat Frau Maier die Situation schnell wieder im Griff.
- Ihr Erfolgsfaktor ist Schnelligkeit: Sie verliert keine Zeit mit Hadern oder Zögern, besorgt sich fachkundige Unterstützung und kann zufrieden sein mit ihren ersten Schritten als Führungskraft in den USA.

2.3   Projekte erfolgreich abschließen

2.3.1 Praxisfall: Kleine Schritte gehen

Praxisfall

Patrick Hauser leitet in San Francisco ein Team von neun IT-Spezialisten. Sein Unternehmen hat ihn vor einem halben Jahr entsandt. Er ist anspruchsvoll, räumt seinen Mitarbeitern jedoch ein ausgeprägtes Mitspracherecht und Freiräume für kreative Lösungen ein.

Zum Projektbeginn hatte er dem Team ein durchdachtes, strategisches Briefing erteilt, detailliert auf die möglichen Herausforderungen im Projekt hingewiesen und saubere Analysen bei Fehlern verlangt.

Das Team reagierte ohne Fragen, so war Herr Hauser beruhigt. Im Tagesgeschäft ist Patrick Hauser meist nicht greifbar, weil er an vielen Meetings teilnimmt. Patrick hatte in Deutschland bereits erfolgreich verschiedene Teams geführt. Seine Erfahrungen helfen ihm jetzt nicht. Dem amerikanischen Team scheint die Motivation zu fehlen. Es stellt sich heraus: Es gelingt dem Team nicht, sich eigenverantwortlich Zwischenziele auf dem Weg zur Ergebniserreichung zu setzen. Patrick ist mit der Qualität der Arbeitsergebnisse und der Zeitplanung im wichtigsten Projekt seiner Abteilung unzufrieden. Er kommuniziert dies beim Teammeeting unmissverständlich.

Die Stimmung im Großraumbüro in San Francisco ist trotz des sonnigen Wetters eisig: Patrick Hauser hatte gestern im Teammeeting die letzten Testergebnisse des IT-Programms mit seinen Mitarbeitern besprochen. Er war erneut unzufrieden mit dem Status des Projekts und sagte das in der Runde ohne jede Beschönigung.

Patrick reagiert langsam sichtlich genervt, weil er dem Team perfekte Rahmenbedingungen geboten hat: Freiraum für kreative Lösungen in einem weitgehend agilen Projektaufbau. Da er vom Team keinerlei Einwände hört, fühlt er sich in seinem Vorgehen bestätigt. Schließlich kamen von seinen Experten keinerlei Nachfragen, als er mögliche Herausforderungen zum Projektstart vorstellte.

Trotzdem fehlt es den Leuten offensichtlich an der Arbeitsfreude. So sprach er im Teammeeting alle aktuellen Probleme beim Testdurchlauf des Archivierungsprogramms nacheinander durch: Qualität und Geschwindigkeit sind mangelhaft. Es fehlt an sinnvollen Zwischenzielen, die das Team selbst aufstellen sollte. Das Team legt nicht – wie von ihm gefordert – eine strukturierte Analyse vor, sondern reagiert mit „Troubleshooting". Die Mitarbeiter versuchen, die Fehler mit verschiedenen Interventionen zu finden, dabei kommen sie jedoch nur von „Hölzchen auf Stöckchen". Die von Patrick gewünschte zielgerichtete Fehlersuche kommt nur schleppend voran, weil der dafür benötigte Ablaufplan aus unerfindlichen Gründen vom Team noch nicht fertiggestellt worden ist.

Patrick unterlegt seine Kritik mit konkreten Beispielen aus dem Alltag. Die jeweils Verantwortlichen sollen die Chance haben, unmittelbar Stellung zu beziehen. Das findet Patrick fair. Patrick Hauser möchte weder persönlich noch ungerecht werden, sondern wünscht sich sehnlichst einen Anstieg der Leistungskurve im Team.

Das Team antwortet allerdings nicht mit einer lösungsorientierten Debatte wie von Patrick erhofft, sondern mit deutlichem Rückzug. Gestern im Teammeeting war kein Gespräch zustande gekommen. Alle sind einsilbig geblieben und die Fehleranalyse ist unstrukturiert und ziellos verlaufen.

Heute Morgen in der Kaffeeküche ist zwischen Mary-Jane, Bob und den meisten anderen aus seinem Team von „finger pointing" die Rede. Auch die Begriffe „lack of leadership" and „shere criticism" hört Patrick deutlich, als er das Büro betritt. Er bezieht die Aussagen völlig zutreffend auf sich. „Vermutlich habe ich gestern nicht ganz den richtigen Tonfall getroffen", überlegt er betroffen.

Sein Team vermeidet auch heute noch das Gespräch mit ihm. Alle starren auf ihre Bildschirme und umgehen den Blickkontakt mit Patrick. Seltsam, findet Patrick. „Warum sprechen Mary-Jane und die anderen nicht *mit* mir statt *über* mich? Ein offenes Gespräch über die Lage ist alles, was ich erreichen wollte. Den Leuten fehlt es ständig an Initiative", denkt Patrick verletzt. Er weiß: Jetzt muss er schnell aus seinem Schneckenhaus herausfinden, um die Stimmung im Team einzufangen.

> **=> Aufgabenstellung und Problemanalyse**
> Patrick Hauser ist eine karriereorientierte Führungskraft, die seit Kurzem ein US-amerikanisches Team von IT-Spezialisten im Unternehmen „Innovation" leitet. Er ist unzufrieden mit der Qualität der Arbeitsergebnisse des wichtigsten Projekts. Patrick glaubt daran, dass selbstgesteuertes Arbeiten eine hohe Motivation bei den Mitarbeitern freisetzt. Er bietet seinen Mitarbeitern deshalb lieber Freiräume als enge fachliche Anleitung. Zum Projektbeginn hatte er dem Team ein strategisches Briefing erteilt, auf die möglichen Schwierigkeiten im Projekt hingewiesen und saubere Analysen bei Fehlern verlangt. Das Team legt allerdings nur unstrukturierte Schätzungen vor. Jetzt versucht er im Teammeeting, in einer Gruppendiskussion die Fehler in der Programmierung und deren Ursachen zu analysieren. Er merkt schon im Meeting, dass seine Mitarbeiter sich nicht beteiligen. Am nächsten Morgen ist die Stimmung so schlecht, dass Patrick Hauser sein Verhalten überdenkt.
>
> **Systematik: Wegbereiter**
>
> 1. Schritt: Guidance von Patrick Hauser einschätzen
> 2. Schritt: Checkpoint
> 3. Schritt: Praxisgerechte Maßnahmen ableiten
> 4. Schritt: Im Rückspiegel – wie ging der Praxisfall weiter?
> 5. Schritt: Highlights and Lowlights im Praxisfall „Kleine Schritte gehen"

1. Schritt: Guidance von Patrick Hauser einschätzen

Ihr Lernvorteil

Sie lesen in diesem Abschnitt, welche Erwartungen man in den USA an die Projektsteuerung, den Know-how-Transfer und die fachliche Anleitung durch die Führungskraft hat.

Patrick Hauser trifft am gleichen Tag seinen Mentor aus der Geschäftsleitung zum Mittagessen. Er bittet Dylan Brown um Rat. Der amerikanische Manager nimmt sich am späten Nachmittag Zeit für ein ausführliches Gespräch mit Patrick und hört sich erst einmal in Ruhe seine Schilderung der Situation an. Zwei Punkte fallen ihm als erfahrener Führungskraft auf:

a) **Anleitung im Projekt**
b) **Fehleranalyse im Teammeeting**

Zu a) Anleitung im Projekt

Dylan klärt mit Patrick, welche Arbeitsstruktur bei einem wichtigen Projekt im Unternehmen bisher üblich war. Natürlich ist die agile Arbeitsform grundsätzlich bekannt, bei der Hierarchien wegfallen, Informationen horizontal ausgetauscht werden und alle Kollegen entsprechend ihrer fachlichen Aufgabe im Team ihre Rolle funktional und absolut gleichberechtigt auskleiden. Im Unternehmen „Innovation" waren flache Hierarchien und eine kollegiale Zusammenarbeit schon immer wichtig. So bestand bisher kein Bedarf, das agile Konzept im Unternehmen formal zu implementieren. „Wir arbeiten offen und dynamisch zusammen. Unsere Mitarbeiter schätzen aber den engen Austausch mit uns Führungskräften", fügt Dylan hinzu.

Patrick ist ein schneller Denker. Er erkennt durch den Hinweis von Dylan, dass er sein Team überfordert hatte: Er war automatisch davon ausgegangen, dass sich IT-Experten in den USA als selbstverwaltetes Team organisieren wollen und können.

Dylan Brown erklärt Patrick geduldig, dass er als Führungskraft neue Arbeitsmethoden – wie fachliche Selbstorganisation statt Guidance durch die Abteilungsleitung – erst einführen muss, bevor er die Umsetzung vom Team erwarten könne. „Ein Schritt nach dem anderen, damit alle im Team sich gut abgeholt fühlen", ist Dylans Beschreibung für das Vorgehen. Das leuchtet Patrick ein, denn auch in Deutschland wäre das seine Aufgabe gewesen.

Textbeispiel aus dem Praxisfall

Patrick hat in Deutschland bereits erfolgreich verschiedene Teams geführt. Er ist anspruchsvoll, räumt seinen Mitarbeitern jedoch ein hohes Mitspracherecht und Freiräume für kreative Lösungen ein. Zu Beginn des Projekts hatte er sein Team ausführlich auf mögliche Herausforderungen hingewiesen. Jetzt ist Herr Hauser meistens in Meetings, denn er vertraut im Tagesgeschäft seinen Mitarbeitern und dem agilen Projektaufbau. (…) Da er vom Team keinerlei Einwände hört, fühlt er sich in seinem Vorgehen bestätigt.

Patrick ist verwundert über seine offensichtlichen Scheuklappen: „Ich bin automatisch davon ausgegangen, dass IT-Experten in den USA innovativer arbeiten als in Deutschland. Das entspricht meinem Traumbild vom Arbeiten im Silicon Valley. Es kommt hinzu: Aus Übermotivation habe ich den Blick für das richtige Vorgehen mit meinen Mitarbeitern verloren. Meine selektive Wahrnehmung hat verhindert, dass ich die Kompetenzen und Wünsche meiner Mitarbeiter richtig einschätze. So ein dummer Fehler wäre mir zu Hause in Deutschland nie passiert. Ich verstehe nicht, was in den letzten Wochen mit mir los war." Diese Gedanken sorgen dafür, dass sich Patrick wie ein Anfänger in Sachen „Führung" fühlt.

Er erklärt Dylan Brown sein Missgeschick. Dylan riet Patrick, die Mitarbeiter in seinem Team besser zu unterstützen und das von ihm gewünschte Verhalten langsam einzuführen. Die Tatsache, dass die Kollegen bei der angekündigten Arbeitsweise und der gelebten Praxis von Patrick keine Einwände erhoben haben, darf nicht als Zustimmung gewertet werden. Das Team hat vermutlich aus Respekt gegenüber dem neuen Chef geschwiegen.[17]

Als Senior Manager mit Auslandserfahrung dämmert Dylan langsam, was mit Patrick los ist. Aus Dylans Perspektive gesehen zeigt der junge Kollege einige Anzeigen von einem Kulturschock, der häufig bei Auslandsaufenthalten nach circa sechs Monaten auftritt.[18] Patricks emotionale Energiebilanz ist unausgeglichen. So kommt es, dass die junge Führungskraft selbst nicht erkennt, wie intensiv sie sich durch die Integration in die neuen Lebens- und Arbeitsumstände gefordert fühlt. Als Konsequenz kommt es zu der einen oder anderen wenig hilfreichen Handlungsweise im Umgang mit dem Team – und den von Patrick angesprochenen Scheuklappen bei der Selbstreflexion, die verhindern, dass er sein Verhalten kritisch reflektiert.

Dylan nimmt sich vor, dem jungen Kollegen unter die Arme zu greifen. Er macht Patrick klar, dass er die Gruppe nicht angeleitet hat und aus amerikanischer Sicht seinen Aufgaben als Führungskraft nicht nachgekommen ist. Es fehlen konkrete Zielvorgaben für die Zwischenschritte und die enge Unterstützung auf dem Weg dahin.

Praxistipp: Kleine Schritte für die Projektsteuerung
In den USA steuert man Projektteams ebenso eng wie einzelne Mitarbeiter: Meilensteine in Richtung Zielerreichung werden natürlich mit den Projektmitgliedern diskutiert und auch von den Mitarbeitern vorgeschlagen. Die Zielkontrollen durch die Projektleitung erfolgen jedoch häufiger als in Deutschland. Wo sich in Deutschland die Experten gegenseitig horizontal beauftragen, steht in den USA immer der Projektleiter oder eine Linienführungskraft im Mittelpunkt. Bilaterale Beauftragung muss schrittweise implementiert werden. Erhält das Team (mehr) Verantwortung, wird ein „Steering Committee" für das – aus unserer Sicht – eher kleinschrittige Monitoring eingesetzt. Zusätzlich unterstützt also ein übergeordnetes Gremium die Projektleitung mit Feedback und Vorgaben zu allen Schritten. Kreativität ist in den USA ein wichtiger Wert, soll aber eingebettet in den engen Dialog zwischen den Hierarchieebenen erfolgen.

---

[17] Thomas, A. (1999, 2006, 2008); Thomas et al. (2006).
[18] Oberg, K. (1960).

Bei einem agilen Projektaufbau legt das Team die Arbeits- oder Zwischenziele bis zur nächsten Ergebniskontrolle selbst fest. Patricks Team ist mit dem Vorgehen jedoch nicht vertraut und deshalb überfordert von seinen Erwartungen. Dylan findet sogar: Patrick hat „agil" mit „ich muss mich nicht darum kümmern" verwechselt. Die Performance des Teams ist schlecht – und das ist in einem hohen Maße das Verschulden von Patrick. So sieht die junge Führungskraft es jetzt selbst, nachdem Dylan ihr einige Hinweise gegeben hat.

Textbeispiel aus dem Praxisfall

Qualität und Geschwindigkeit sind mangelhaft. Es fehlt an sinnvollen Zwischen-zielen, die das Team selbst aufstellen sollte.

Patrick Hauser wundert sich, warum sein Team nicht einfach mit ihm über die Zusammenarbeit gesprochen hat. Dylan schüttelt zu dieser Frage den Kopf: „Natürlich wäre das für Dich einfacher gewesen. Das kannst Du aber nicht erwarten. Dein Team ist nicht dafür zuständig, Dich zu steuern. Du bist der Boss der Abteilung und musst vorher über die Folgen Deiner Entscheidungen nachdenken." Diese Botschaft ist deutlich, findet Herr Hauser.

Er realisiert den deutlichen Unterschied zwischen den USA und Deutschland: Zu Hause ist er es gewohnt, dass seine Mitarbeiter sogar ungebeten den einen oder anderen Auftrag von ihm kommentierten. In den USA erhält er nicht einmal nach der ausdrücklichen Einladung an das Team Rückfragen zur Sinnhaftigkeit oder konstruktive Kritik.[19]

Textbeispiel aus dem Praxisfall

Patrick reagiert langsam sichtlich genervt, weil er dem Team perfekte Rahmenbedingungen geboten hat: (…). Da er vom Team keinerlei Einwände hört, fühlt er sich in seinem Vorgehen bestätigt. Schließlich kamen von seinen Experten keinerlei Nachfragen, als er mögliche Herausforderungen zum Projektstart vorstellte.

Praxistipp zur Hol- und Bringschuld von Informationen

In den USA ist Verantwortung für die Hol- und Bringschuld im Informationsverhalten grundsätzlich so verteilt wie in Deutschland: Führungskräfte erklären den Sachverhalt im Überblick. Von motivierten Mitarbeitern erwarten wir, dass sie aktiv werden und Grundsatz- wie Verständnisfragen selbstständig vorbringen.

In den USA ist dieses Konzept zusätzlich in die Vorstellung eingebettet, dass die Führungskraft sowohl räumlich durch die sprichwörtliche „offene Türe" als auch zeitlich im Rahmen der engeren Anleitung der Mitarbeiter jederzeit als Bezugsperson ansprechbar ist.

---

[19] Thomas, A. (1999, 2006, 2008); Thomas et al. (2006).

In Deutschland genießen die Experten mehr Freiräume und ein größeres Verantwortungsvolumen. Die Schnittstellen und Kontaktmomente mit dem Chef sind weniger häufig. So vereinbart der Mitarbeiter bei Fragen vielleicht sogar einen Termin mit der Führungskraft oder wartet auf den nächsten Jour fixes. Das Verhalten und die Erwartungen von Herrn Hauser aus dem Praxisfall sind also typisch deutsch: Es ist im Alltag kaum vertraute Nähe zwischen ihm und dem Team entstanden, weil er sich an operativen Themen wenig beteiligt hat. So konnte das Team im Arbeitsfluss keine spontanen Fragen stellen. Aus Respekt und irritiert durch die ungewohnte Distanz meldet sich das Team nicht selbstständig bei seiner Führungskraft zurück.

Zu b) Fehleranalyse im Teammeeting

Dylan merkt, dass Patrick Hauser seine bisher getragenen „mentalen Scheuklappen" durch das Gespräch abgelegt hat. Er wirkt jetzt offener für die amerikanische Praxis.

Das ist die Grundlage, um die gute Zusammenarbeit zu etablieren. Beim zweiten Kaffee an diesem Nachmittag spricht Dylan mit Patrick über sein Vorgehen im Teammeeting. Aus Patricks Erzählung hat Dylan erfahren, dass Patricks Team ernsthaft unglücklich ist:

Textbeispiel aus dem Praxisfall

Sein Team vermeidet (…) das Gespräch mit ihm. Alle starren auf ihre Bildschirme und umgehen den Blickkontakt mit Patrick.

Dylan erklärt Patrick, dass es sich um schwerwiegende Vorwürfe handelt. Er vermittelt Patrick höflich, aber in nun bereits bekannter Deutlichkeit, dass er sein Team geradezu respektlos behandelt hat. Offene Kritik im Sinne einer „Standpauke" ist als Instrument in einem US-Team nicht hilfreich. Das wird als destruktive, sinnlose Kritik verstanden und ihm zu Recht als „shere criticism" vorgeworfen (Lesen Sie dazu mehr im Praxisfall 2.2.3: Lob und Kritik formulieren).

Textbeispiel aus dem Praxisfall

Auch die Begriffe „lack of leadership" and „shere criticism" hört Patrick deutlich als er das Büro betritt. Er bezieht die Aussagen völlig zutreffend auf sich.

Patrick hat seinen Ärger ungefiltert gezeigt und nicht über Lösungen für das Team und dessen Schwierigkeiten im Projekt nachgedacht:

Textbeispiel aus dem Praxisfall

Patrick Hauser hatte gestern im Teammeeting die letzten Testergebnisse des IT-Programms mit seinen Mitarbeitern besprochen. Er war erneut unzufrieden mit dem Status des Projekts und sagte das in der Runde ohne jede Beschönigung.

Auf diesen Hinweis von Dylan reagiert Patrick irritiert. Er ruft spontan aus: „Wieso muss *ich* über Lösungen nachdenken?", fragt er seinen Mentor nachdrücklich.

Dylan schmunzelt wohlwollend über die Verwirrung des jungen Kollegen. Er antwortet: „Du bist der Chef. Erst unterstützt Du Dein Team nicht, dann kritisierst Du es auch noch. Das ist alles andere als motivierend. Deine Erwartungshaltung passt nicht zu den Erwartungen des Teams. Du musst sofort etwas an Deinem Leadershipstil ändern und lernen, Deine Mitarbeiter zu motivieren."

Patrick denkt nach. Er hat in der Vorbereitung auf die Entsendung ein interkulturelles Seminar besucht. Dort hat er gelernt, dass man in den USA Kritik nicht so direkt ausdrückt wie in Deutschland. Er erinnert sich an die Sandwich-Technik (siehe vorne). Diese Methode hat er allerdings für die Gespräche im Teammeeting, also den Anwendungsfall „Gruppengespräch", bisher nicht in Betracht gezogen. Das war ein gravierender Fehler, wie sich jetzt zeigt.

Schlagartig wird ihm klar: Er hat sich durch seine deutsche Direktheit in den Abteilungstreffen total im Ton vergriffen – und das nicht zum ersten Mal. Kleinlaut erzählt er Dylan, warum er seine Unzufriedenheit ohne jede Beschönigung zum Ausdruck gebracht hat: Dies entspricht dem deutschen Kommunikationsverhalten im Dialog und in Gruppengesprächen. Er hat auch in diesem Punkt die amerikanischen Gepflogenheiten schlicht ignoriert, zumal auch in Deutschland sein Auftritt nicht gerade einen Preis für Freundlichkeit erhalten hätte. Die Versäumnisse einzelner Mitarbeiter im Teammeeting zu besprechen, kommt aus amerikanischer Sicht einer öffentlichen Kreuzigung gleich und wird in der imageorientieren Kultur als „finger pointing" deutlich als Tabubruch:[20]

Textbeispiel aus dem Praxisfall

Patrick unterlegt seine Kritik mit konkreten Beispielen aus dem Alltag. Die jeweils Verantwortlichen sollen die Chance haben, unmittelbar Stellung zu beziehen. Das findet Patrick fair. Patrick Hauser möchte weder persönlich noch ungerecht werden, sondern wünscht sich sehnlichst einen Anstieg der Leistungskurve im Team. (…) Heute Morgen in der Kaffeeküche ist zwischen Mary-Jane, Bob und den meisten anderen aus seinem Team von „finger pointing" die Rede.

Patrick merkt: Er hat seine Mitarbeiter unabsichtlich beleidigt und vor den Kopf gestoßen. Es kommt ihm plötzlich geradezu logisch vor, dass man ihm jede Führungskompetenz abspricht und erst einmal emotionale Funkstille herrscht:

Textbeispiel aus dem Praxisfall

Auch die Begriffe „lack of leadership" (…) hört Patrick deutlich, als er das Büro betritt. (…) Alle starren auf ihre Bildschirme und umgehen den Blickkontakt mit Patrick.

---

[20] Thomas, A. (2003, 2006); Thomas, A. & Utler, A. (2013); Thomas et al. (2006).

Dylan reagiert auf die Selbstvorwürfe der jungen Führungskraft mit dem typischen amerikanischen Optimismus: „Patrick, sei nicht so streng mit Dir. Wichtig ist, dass Du Deine Schwächen erkennst und die Fehler nicht noch mal machst. Dazu habe ich ein wirklich gutes Gefühl."

Patrick Hauser sagt anerkennend: „Du zeigst mir gerade durch Dein Verhalten, wie eine amerikanische Führungskraft einen Mitarbeiter nach einem Fehlschritt unterstützen soll, um die Motivation zu erhalten. Du hast recht: Ich sehe jetzt klarer und möchte in der Zukunft nicht noch mal die gleichen Fehler machen. Was ist Dir noch aufgefallen an meinem Führungsstil?"

Dylan ist zufrieden mit seinem Schützling und bringt die zweite Anregung vor. Er zeigt sich verwundert, wie Patrick Hauser seine Abteilung auf das Projekt eingestimmt hat. In den USA ist ein Kick-off-Meeting üblich, bei dem Projektziele und -ablauf vorgestellt werden. Im Mittelpunkt steht dabei, eine positive Aufbruchsstimmung zu erzeugen. Er fragt: „Patrick, bist Du Dir sicher, dass ein strategisches Briefing wirklich den benötigten *Spirit* im Team stärkt? Das klingt alles eher nüchtern, oder?"

Patrick geht im Geiste die Situation nochmals durch und muss einräumen, dass von Euphorie weder bei ihm noch bei den Mitarbeitern die Rede sein konnte. Er hat in der Veranstaltung viel Zeit in die Diskussion möglicher Hindernisse im Projektverlauf investiert und ausführlich seine Vorstellung von den benötigten Fehleranalysen dargelegt:

Textbeispiel aus dem Praxisfall

Zum Projektbeginn hatte er dem Team ein durchdachtes, strategisches Briefing erteilt, detailliert auf die möglichen Herausforderungen im Projekt hingewiesen und saubere Analysen bei Fehlern verlangt.

Als Dylan die Situationsbeschreibung hört, lacht er und sagt: „Wow, das klingt nicht nach Spaß im Job!" Er fragt: „Hat sich Dein Team Deine Ratschläge zur Fehleranalyse zu Herzen genommen?" Patrick räumt ein, dass geradezu das Gegenteil der Fall war:

Textbeispiel aus dem Praxisfall

Das Team legt nicht – wie von ihm gefordert – eine strukturierte Analyse vor, sondern reagierte mit „Troubleshooting". Die Mitarbeiter versuchen, die Fehler mit verschiedenen Interventionen zu finden und kommen dabei von „Hölzchen auf Stöckchen". Die von Patrick gewünschte zielgerichtete Fehlersuche geht nur schleppend voran, weil der dafür benötigte Ablaufplan aus unerfindlichen Gründen vom Team noch nicht fertiggestellt worden ist.

Was nun folgt, ist für Patrick ein weiteres Mal überraschend. Dylan verteidigt das Team von Patrick Hauser, indem er dessen Initiative lobt. Er findet das gezeigte Vorgehen pragmatisch und handlungsorientiert – so, wie es sein soll. „Wir können doch nicht jedes Mal ein Konzept schreiben, bevor wir uns um das eigentliche Problem kümmern", ist sein Kommentar.

Patrick Hauser bringt zuerst noch einmal seinen Wunsch nach einem strukturierten Vorgehen vor, versteht aber gespiegelt durch die Wahrnehmung von Dylan sein Team plötzlich besser: Die Mitarbeiter packen das Problem direkt an und finden die Wünsche ihrer Führungskraft vermutlich zu theoretisch und übertrieben – etwas zu weit weg von der Tagespraxis. Offensichtlich sind die Arbeitsabläufe in den USA mehr an Aktionen ausgerichtet, stellt Patrick fest. Dylan bestätigt seine Erkenntnis. Scherzhaft fügt er hinzu: „Du bist im Wilden Westen. Da kann man nicht immer zuerst einen Plan erstellen, bevor man Hindernisse aus dem Weg räumt. Wir bewundern Macher – nicht Philosophen."

Ernsthafter erklärt er Patrick im Anschluss: „In den USA beurteilen wir Konzepte nach ihren lebensnahen Vorteilen und nicht nach deren strategischer Eleganz. Dein Team hat Dir Deinen Wunsch erfüllt und den Ablaufplan aufgestellt – allerdings nicht zu Ende gebracht. Es möchte sich um seine tatsächlichen Aufgaben kümmern. Wenn Dir die Ergebnisse bei der Fehlersuche noch nicht gut genug sind, dann musst Du mit dem Team daran arbeiten. Wenn Du jedoch weiterhin insistierst, dass ein Ablaufplan erstellt wird, nimmt Dich bald niemand mehr ernst. Wir sind hier nicht an der Uni, sondern in einem Unternehmen."[21]

Patrick Hauser gibt bereitwillig zu, dass seine Herangehensweise im Meeting vom Team höflich, aber spürbar abgelehnt worden ist. Die Mitarbeiter haben durch ihr Schweigen deutlich gezeigt, dass sein Verhalten nicht gut angekommen ist. Sie haben sich zwar an der Fehleranalyse beteiligt, sind geistig jedoch passiv geblieben und so hat das Meeting keine ernst zu nehmenden Lösungen produziert:

> **Textbeispiel aus dem Praxisfall**
>
> *Das Team antwortete allerdings nicht mit einer lösungsorientierten Debatte wie von Patrick erhofft, sondern mit deutlichem Rückzug. Gestern im Teammeeting war kein Gespräch zustande gekommen. Alle sind einsilbig geblieben und die Fehleranalyse ist unstrukturiert und ziellos verlaufen.*

Am Ende des Nachmittags sieht Patrick die Situation in seiner Abteilung klarer als jemals zuvor seit seiner Ankunft in San Francisco. Dylans Schlussworte sind: „Denke nicht mehr zu viel über Deinen Führungsstil nach. Es reicht für heute – let's call it a day! Ab morgen gibst Du jedoch Dein Bestes, um die Zusammenarbeit mit Deinen Mitarbeitern zu verbessern. Ich bin mir sicher, dass Du schon bald wieder auf dem richtigen Kurs bist! Ich danke Dir für Dein Engagement heute im Gespräch."

Patrick ist Dylan dankbar für seine Unterstützung. Er findet auch diesen Ausspruch „typisch amerikanisch" und krempelt im Geiste die Ärmel hoch, um ab morgen mit seinen Mitarbeitern neue Wege zu beschreiten. Diese Aussicht motiviert ihn trotz des erhaltenen Dämpfers zu seiner Führungskompetenz.

---

[21] Thomas, A. (2003, 2006); Thomas, A. & Utler, A. (2013); Thomas et al. (2006).

2. Schritt: Checkpoint

Ihr Lernvorteil

Der nächste Abschnitt unterstützt Sie dabei zu prüfen, ob Sie die Betrachtungsweise von Patrick und Dylan nachvollziehen können. Fassen Sie dazu Ihre Eindrücke vom Praxisfall an dieser Stelle zusammen.

Kulturnavigator

1) Wie schätzen Sie die Bedürfnisse von Patrick Hauser ein?
....
....

2) Wie beurteilen Sie das Vorgehen von Patrick Hauser und seinem Team?
....
....

3) Welche Veränderungen in der Zusammenarbeit schlagen Sie vor?
....
....

2.3.2 Kultursensible Handlungsoptionen mit Empfehlung

3. Schritt: Praxisgerechte Maßnahmen ableiten

Ihr Lernvorteil

Der nächste Abschnitt stellt Ihnen vor, wie Patrick Hauser seine Zusammenarbeit mit dem Team mit konkreten Maßnahmen verbessert.

Es gelingt Patrick Hauser nicht, den Ratschlag seines Mentors Dylan umzusetzen: Er befasst sich den ganzen Abend damit, wie er in Zukunft das wichtige Projekt – und damit auch seine Abteilung – als Projektleitung und Führungskraft steuern wird. Auf dem Weg ins Büro kauft er am nächsten Tag für alle Donuts und bittet das Team in die Kaffeeküche zu einer kurzen Besprechung.

Als alle da sind und ihn – mit einer Tasse Kaffee in der einen Hand und einem Donut in der anderen Hand – erwartungsvoll anblicken, sagt Patrick zu seinem Team: „Wir haben heute etwas zu feiern." Die Kollegen schweigen verdutzt. Patrick fährt fort: „Wir feiern, dass ich endlich verstanden habe, was ich schon die ganze Zeit falsch mache!" Nach drei langen Sekunden absoluter Stille hört die Führungskraft von allen Seiten „Wow! Dieser Tag beginnt allerdings mit einer positiven Überraschung!"

Das Eis zwischen Patrick Hauser und seinem Team ist durch die gelungene Eröffnung erfolgreich gebrochen: Ein lebhaftes Gespräch entwickelt sich, in dem Patrick vor allen Anwesenden seine Schwächen unverhohlen einräumt. Das Team staunt über diese offene Selbstanklage. Die Kolleginnen und Kollegen reagieren zuerst vorsichtig und beobachten die Situation. Schon einige Minuten später zeigen sie ihre große Erleichterung. Die Atmosphäre ist schlagartig zwischen allen wieder gelöst und fröhlich.

Nach 15 Minuten kündigt Patrick ein Teammeeting am Nachmittag an. Alle sollen bis dahin ihre Anliegen für die weitere Zusammenarbeit im Projekt in Bezug auf die eigenen Aufgaben durchdenken. Patrick kündigt an, er möchte nicht länger über die bisherigen Schwächen sprechen – egal, ob es sich um seine Person oder um die Teamperformance handelt. Er betont, dass er gemeinsam in die Zukunft blicken und Lösungen für die bisherigen Probleme finden möchte.

Diese Tonlage versteht das Team sofort: Lösungen in Angriff zu nehmen, statt die Fehler endlos zu analysieren und Beschuldigungen auszusprechen – und das in einer konstruktiven Atmosphäre mit Patrick! Deutlich besser gelaunt als am Vortag gehen alle an ihre Arbeitsplätze zurück und erwarten mit Optimismus die Diskussion am Nachmittag.

Patrick plant das Teammeeting minutiös. Ihm ist klar: Nach dem gelungenen Auftakt darf er sein Team jetzt nicht enttäuschen. Er arbeitet mit zwei Instrumenten aus dem interkulturellen Training, das er in Deutschland besucht hatte:

a) **Arbeitsprozessvergleicher für Deutschland und die USA**
b) **Arbeitspaketschnürer für Teams**

Zu a) Arbeitsprozessvergleicher für Deutschland und die USA

Möchte Patrick Hauser dem Ratschlag von Dylan folgen und pragmatischer vorgehen, steht er vor einem echten Paradigmenwechsel: In Deutschland ist seine methodisch hochwertige Herangehensweise einer seiner Erfolgsfaktoren. Er ist stolz auf sein strukturiertes Vorgehen mit zielgerichteten, aber intensiven Analysen. Patrick versteht es als Teil seiner beruflichen Identität, nicht einfach nur – mehr oder weniger zielgerichteten – Aktionismus zu zeigen.

Jetzt studiert er zum wiederholten Mal seit gestern seine Seminarunterlagen und versteht, dass man in Deutschland Wert auf faktenbasierte Statusbestimmungen zu Beginn eines Projektes oder einer Aufgabe legt.

Man ist bereit, viel Zeit zu investieren, um dann vergleichsweise risikoarm den folgenden Schritte zu bestimmen und die konkreten Maßnahmen abzuleiten. Die sorgfältige Analyse schützt das Unternehmen davor, Ressourcen zu vergeuden oder Fehler unnötig mehrfach zu begehen. Patrick versteht, dass er im Geiste dieser Arbeitstradition ausgebildet wurde. Später am Arbeitsplatz lobten und belohnten seine Führungskräfte seine Besonnenheit, auch wenn 30 bis 50 Prozent der gesamten Manntage im Projekt in die Analysen zu Beginn investiert wurden.

Zählt man die Zeit für die GAP-Analyse (also dem Abgleich zwischen Ist-Stand und Soll-Stand) dazu, wird sogar mehr als die Hälfte der Projektzeit in die vorbereitende Planung gesteckt. Der Gedanke dahinter ist, dass man bei zielgerichtetem Vorgehen die Zeit schnell wieder aufholt: „Punktgenau statt mit der Gießkanne."

Patrick Hauser möchte seinem Team einen kurzen Überblick über die „deutsche Welt" geben. Dazu erstellt er eine Grafik mit einer geschätzten (aber in seiner Erfahrung häufig praktizierten) Zeitverteilung der Arbeitsphasen in Projekten (Abb. 2.14).

In seinen Seminarunterlagen findet er auch Informationen zum amerikanischen Arbeitsprozess: Der Schwerpunkt liegt eindeutig im Bereich der „Actions". Ergebnisse und Erfolge sind in den USA gedanklich eng mit Aktionen verbunden (Abb. 2.15).

Als Patrick in den Seminarunterlagen weiterblättert, findet er wichtige Hinweise für genau seine Situation: Eine ausführliche Analyse wirkt auf Amerikaner zu akademisch und wirklichkeitsfern. Besonders der deutsche Fokus auf möglichen Schwierigkeiten sorgt

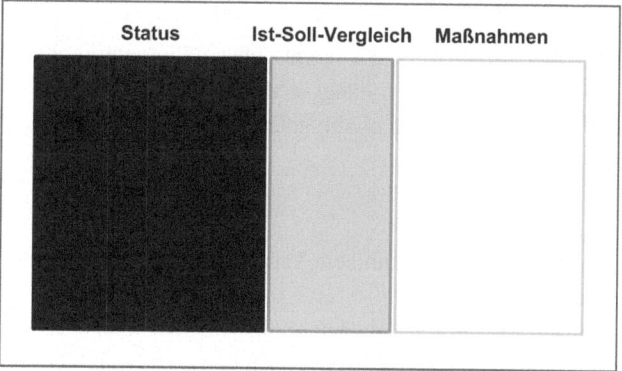

Abb. 2.14 Typische Zeitverteilung im deutschen Arbeitsprozess

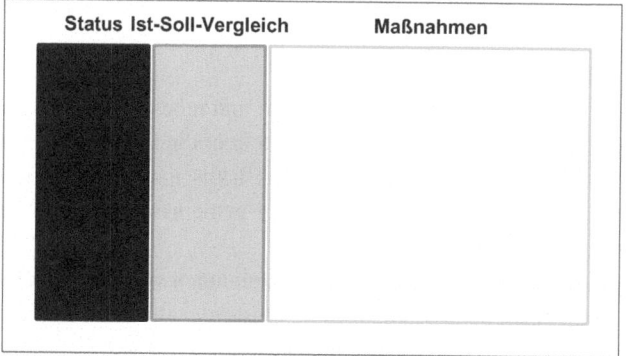

Abb. 2.15 Typische Zeitverteilung im US-amerikanischen Arbeitsprozess

bei Amerikanern schnell für negative Assoziationen. Wir wirken auf diese Weise zögerlich und pessimistisch auf Amerikaner. Man hat sogar das geflügelte Wort der „German Angst" geprägt, um die Wahrnehmung des deutschen Verhaltens zu beschreiben.

Praxistipp zur Ziel- und Ergebnisorientierung

Amerikaner bewerten Handlungen (anderer) häufig danach, ob sich schnell eine merkliche Verbesserung – also ein messbares Ergebnis – innerhalb der Aufgabenstellung einstellt. Man legt viel Wert darauf, „low hanging fruits" zu ernten. Damit ist gemeint, sich unmittelbar auf gut erreichbare, konkrete Ziele zu konzentrieren, bevor man komplexere Aufgabenschritte angeht. Natürlich wird auch in den USA ein Plan erstellt und die Ausgangssituation geprüft. Die Analysen sind jedoch schneller abgeschlossen und meist weniger umfangreich als in Deutschland. Man ergänzt mit Erfahrungswissen und ist bereit, auf dem Weg zum Ziel pragmatisch nachzujustieren. Das ist in der Wahrnehmung der Amerikaner lebensnah und optimistisch – und steht im Gegensatz zur deutschen Gründlichkeit. Diese wird natürlich geschätzt – aber nur, wenn sie nicht umständlich wirkt. Die Kompetenzeinschätzung von Führungskräften hängt stark davon ab, ob sie, ohne viel Zeit zu verlieren, Themen umsetzen. „He or she gets things done" gilt als großes Kompliment in den USA.

Patrick Hauser nutzt das Wissen, um sein Verhalten in der Zukunft auf die amerikanischen Erwartungen abzustimmen.

Im Teammeeting am Nachmittag erwähnt er nur kurz, wie man in Deutschland Arbeitsprozesse gewichtet. Patrick entscheidet sich jedoch bewusst dafür, nicht problemorientiert und vergangenheitsbezogen vorzutragen. Das Team reagiert interessiert und zeigt Verständnis für die Unterschiede zwischen den Kulturen. Im Mittelpunkt der Diskussion steht jedoch, wie künftig die Arbeitspakete für die einzelnen Mitarbeiter und auf der Ebene des Gesamtteams geschnürt werden sollten:

Zu b) Arbeitspaketschnürer für Teams

Patrick Hauser ist ein Fan der agilen Projektarbeit und möchte sein Team schrittweise für diese Arbeitsweise gewinnen. Im Teammeeting stellt er die Grundprinzipien deshalb kurz vor. Er achtet diesmal darauf, dass eine lebhafte Diskussion entsteht – was auch gelingt. Alle Mitarbeiter stellen Fragen und man überlegt gemeinsam, welche Veränderungen in der Arbeitsweise ins Team passen.

Patrick lädt sein Team ein, die eigenen Vorstellungen von der Fehleranalyse im Programm zu sammeln. Nach dem Brainstorming clustert er mit seinen Mitarbeitern die gesammelten Ergebnisse auf Flipcharts. Er kündigt an, dass am Ende eine gemeinsame „Roadmap" als Ergebnis entstehen soll.

Danach legt Patrick Hauser mit dem Team fest, welche Aspekte sie gemeinsam erarbeiten und welche Punkte das Team oder auch einzelne Experten selbstständig erarbeiten. So entsteht ein Mix aus Freiraum und Sicherheit durch Anleitung, der allen im Team gefällt. Am nächsten Tag ist die Roadmap bereits zu 80 Prozent erstellt. Patrick staunt: Was bisher wie ein fast unlösbares Problem erschien, gelingt dem Team durch den Methodenwechsel ohne Probleme. Jetzt ist es ihm peinlich, dass er sich bisher so unflexibel gezeigt hat. Er hätte sein Team besser abholen müssen.

Eine zweite Neuerung begeistert das Team ebenfalls: Patrick bietet an, ab jetzt jeden Tag eine Stunde in seinem Kalender für Fragen des Teams zu reservieren. Von 13:00 bis 14:00 Uhr wird er künftig immer am Platz sein oder einen Rundgang durch die Abteilung machen. Alle im Team verstehen, dass er auch künftig viel Zeit in Meetings verbringen wird. Seine konzeptionellen Fähigkeiten sind bei der Geschäftsleitung positiv aufgefallen und Patrick Hauser ist deshalb in viele Unternehmensinitiativen eingebunden. Mit der Sicherheit, ihren Chef jedoch täglich zu allen Fragen persönlich ansprechen zu können, ist das Kommunikationsdefizit behoben.

4. Schritt: Im Rückspiegel – wie ging der Praxisfall weiter?

- Patrick Hauser hat seine Lektion gelernt. Das Teammeeting ist nur der Auftakt für einen gelungenen „Turnaround" in Bezug auf seine Projektsteuerung: Er verteilt kleinere Arbeitspakete und steuert in kleineren Schritten. Das Team fühlt sich jetzt besser durch die Guidance seines Abteilungsleiters unterstützt.
- Die Mitarbeiter sind zudem aufrichtig beeindruckt von der Schnelligkeit, mit der Patrick sein Verhalten verändert: Seinen Ehrgeiz in Bezug auf ausgefeilte, zeitgemäße Methoden stellt Patrick Hauser zurück. Jetzt kümmert er sich – ganz operativ – mehr um die individuellen Anliegen seiner Mitarbeiter rund um die Aufgabenerfüllung.
- Patrick Hauser ist stärker präsent in der Abteilungsarbeit und steht für Fragen geduldig zur Verfügung. Dabei regt er Diskussionen im Team zu einzelnen Fragestellungen im Projekt an und ruft regelmäßig alle Experten zu einem bestimmten Thema für eine Kurzbesprechung von maximal zehn Minuten zusammen. Inhaltlich geht es bei diesen „Teachings" um beispielsweise den Austausch zu einer Lernkurve im Team – also Lessons Learned – oder die Vorstellung einer besonders sinnvollen Herangehensweise (Best Practice). Patrick Hauser gelingt es auf diesem Weg, seine Mitarbeiter für den kontinuierlichen Know-how-Austausch innerhalb der Abteilung zu sensibilisieren und fachlich das gesamte Niveau zu heben.
- Die Gesprächshaltung von Patrick Hauser ist jetzt konstruktiv und pragmatisch. Das sorgt ganz unmittelbar für eine bessere Stimmung in der gesamten Truppe: Statt akademischer Methodenvorträge zeigt Herr Hauser seinem Team jetzt täglich, wie viel Sachverstand er zu allen Details der Softwareprogrammierung mitbringt. So festigt Patrick Hauser schnell seinen Ruf als „Brain" der Abteilung – das ist Balsam

für sein Selbstbewusstsein und eine echte Motivationsspritze für Patrick Hauser. Manchmal fällt er in alte Muster zurück und fokussiert sich zu sehr auf lange Rückwärtsbetrachtungen oder mögliche Schwierigkeiten bei den nächsten Schritten im Projekt. Das passiert allerdings nur, wenn er sich müde oder gestresst fühlt.

- Das Team versteht jetzt, dass es eingeladen ist, mehr Verantwortung zu übernehmen. Das spricht natürlich nicht alle Mitarbeiter im Team gleich stark an, einige besonders ambitionierte Kolleginnen und Kollegen ziehen jedoch begeistert mit. Insgesamt zeigen alle in der Abteilung durch die veränderte Herangehensweise von Patrick Hauser mehr Einsatz. Die Qualität der Ergebnisse verbessert sich schrittweise und ist bald auf dem Niveau, das sich die junge Führungskraft von Anfang an gewünscht hatte.

- Dylan begleitet Patrick weiterhin eng auf seinem Weg mit dem Team. Er ist sehr stolz auf seinen Mentee, der sich aus seiner Sicht nach dem ersten Jahr erfolgreich an die amerikanische Arbeitsweise angepasst hat. Die Anlaufschwierigkeiten sind bald vergessen und Patrick erhält vom Management Team in San Francisco die gewünschte positive Aufmerksamkeit für seine Leistung im konzeptionellen Denken sowwie für seine Leadershipqualität.

5. Schritt: Highlights and Lowlights im Praxisfall „Lob- und Kritik formulieren"

- Patrick Hauser ist ehrgeizig und setzt seinen Ehrgeiz auf das Feld „Methoden" statt auf den Beziehungsaufbau. Das ist bei einem neuen Team – noch dazu in einer anderen Kultur – nicht hilfreich. Seine häufige Teilnahme an Meetings in der Einarbeitungszeit ist in diesem Zusammenhang auch als Lowlight einzuschätzen.

- Er durchlebt im Rahmen der Integration in seine neuen Arbeits- und Lebensumstände einen (völlig normalen und absehbaren) Kulturschock mit typischen Merkmalen wie seiner einseitigen Sichtweise für das nötige Vorgehen oder dem unangemessenen Festklammern an bisherige Erfolgsfaktoren. So merkt er alleine nicht, dass er mit seinem Führungsverhalten das Team irritiert und zu schnell zu viel Verantwortung übertragen will.

- Positiv fällt auf, wie schnell Patrick Hauser auf die Hinweise von seinem Mentor Dylan reagiert. Hier zeigt er exzellente Handlungskompetenz und – für eine so ambitionierte Person – auch im Vorfeld viel Offenheit, denn er spricht Dylan ohne Befürchtung eines Imageverlustes an.

- Ein weiteres Highlight ist, wie Patrick Hauser seine Kultursensibilität weiterentwickelt: Zu Beginn ist sein Adaptionsvermögen noch gering ausgeprägt und er versucht, sein bisheriges Verhalten aus Deutschland auf die neue Situation zu übertragen. Das vor der Entsendung besuchte interkulturelle Training nimmt er nicht ernst, so dass er sich erst spät an die hilfreichen Anregungen erinnert und diese aufgreift. Durch die Gespräche mit Dylan öffnet er sich, wird flexibler und es gelingt ihm schrittweise, die Situation in seiner Abteilung zu verstehen und angemessen darauf zu reagieren.

Was nehmen Sie mit?

Sie haben den Praxisfall von Patrick Hauser kennengelernt und ihm bei seiner Entwicklung über die Schulter geschaut. Bitte fassen Sie nun Ihre stärksten Eindrücke zusammen, um so Ihre Gedanken und Lernfortschritte zu dokumentieren. Das Arbeitsblatt hilft Ihnen dabei, in der Chronologie des Praxiskapitels vorzugehen:

Erster Schritt: Wegbereiter

1) Guidance einschätzen: Anleitung im Projekt

    ....

2) Guidance einschätzen: Fehleranalyse im Teammeeting

    ....

Zweiter Schritt: Checkpoint/Kontrollpunkt

1) ....

2) ....

3) ....

Dritter Schritt: Praxisgerechte Maßnahmen ableiten

1) Arbeitsprozessvergleicher

    ....

2) Arbeitspaketschnürer für Teams

    ....

Fazit

- Die ersten Schritte von Patrick Hauser muss man als ungeschickt einschätzen. Ein Kulturschock ist eine normale Phase in der Integration.
- Die mentalen Scheuklappen von Herrn Hauser sind deshalb kein Einzelfall. Das Unternehmen hat mit dem Mentorensystem jedoch einen „Fallschirm" für Patrick angeboten, den dieser erfolgreich nutzt. Er kann stolz auf seinen gelungenen „Turnaround" sein.

2.3.3   Praxisfall: Den perfekten Auftritt hinlegen

Praxisfall

Paul Müller und seine Mitarbeiter vom Unternehmen „Seriös" empfangen ein kleines Team amerikanischer Partner. Herr Müller verantwortet den Bereich Procurement. Es geht um eine strategische Partnerschaft, bei der günstige Konditionen zu einer langjährigen Zusammenarbeit mit den möglichen Partnern führen sollen. Obwohl sich beide Seiten bemühen, gelingt es Paul Müller nicht, die für ihn wichtigen Informationen zu sammeln. Die angeregte Diskussion mit den Besuchern irritiert ihn an einigen Stellen, weil sie keine konkreten Informationen zu seinen Interessenpunkten liefert. Das Verhalten der amerikanischen Gesprächsteilnehmer erscheint ihm zudem geprägt von zu viel Selbstmarketing und unangemessen locker für das ernsthafte Thema.

Zu Beginn des Meetings zeigt Herr Müller seinen Foliensatz zur Unternehmens-strategie und den möglichen Ansatzpunkten für die Zusammenarbeit, um seine Erwartungshaltung klar zum Ausdruck zu bringen. Zuvor hat er die von ihm ausgearbeitete Agenda für das Treffen verteilt. Sie wird im Laufe des Treffens genau berücksichtigt. Seine Mitarbeiter sind ruhig und respektvoll. In der Hitze des Gefechts vergisst Herr Müller jedoch, sie einzeln vorzustellen, was die Kollegen nicht tragisch finden. Sie zwinkern ihrem Chef aufmunternd zu. Das Vertrauensverhältnis ist solide, so verzichtet Herr Müller auf eine Entschuldigung und konzentriert sich auf seine Gäste. Paul Müller spricht gut Englisch. Er stellt die Inhalte vor ohne eine Pause oder Raum für Interaktion.

Die drei Amerikaner hören aufmerksam zu. Nach der Präsentation machen sie einen Witz, über den sie herzhaft lachen: „Lot of work to do. Are you sure you really want that?" Herr Müller reagiert innerlich genervt, lässt sich aber seinen Ärger nicht anmerken. Die Reaktion der Amerikaner wirkt auf ihn jedoch so, als hätten die Herren die weitreichenden Konsequenzen des Themas nicht richtig verstanden.

Im folgenden Gespräch sind alle drei Besucher aktiv und wirken ausgesprochen interessiert – allerdings lümmeln sie dabei in den Stühlen. Da es sich um einen klassischen Besprechungstisch handelt und nicht um eine Lounge, ist Paul Müller erneut irritiert vom saloppen Auftritt seiner möglichen Lieferanten. Der Gesprächston zwischen den Verhandlungsparteien bleibt freundlich, doch kann Herr Müller die Qualität der Leistung „der Amis" noch nicht wirklich einschätzen. Im folgenden Vortrag von Mike Rodgers, dem Delegationsleiter der amerikanischen Seite, erfährt er, dass alles „highly innovative and due to latest reseach" sei.

Mike und seine Kollegen teilen sich die Redezeit und gestalten die Präsentation als Team. Sie binden die Zuhörer ein. Das finden Herr Müller und seine Mitarbeiter lebendig und sympathisch.

Paul Müllers im Vorfeld getätigte Recherchen bestätigen, dass die US-Firma solide Produkte anbietet. Das Sortiment ist jedoch schon seit drei Jahren unverändert. Paul Müller findet die Selbstdarstellung seiner Gäste deshalb übertrieben und bleibt unsicher, ob der mögliche Lieferant auch in der Zukunft den Stand der Technik seiner Produkte garantieren kann.

Alle drei amerikanischen Verhandlungspartner scheinen Fragen zu diesem Punkt auszuweichen. Sie sprechen allerdings ausführlich über den Nutzen und die Anwendungsbereiche der Bauteile. Die zahlreichen Erfolgsgeschichten nehmen fast drei Viertel der Präsentation ein. Das stimmt Herr Müller positiv. Trotzdem nimmt er sich vor zu klären, wie es um die Qualität der Produkte und weitere Entwicklungsleistungen steht.

Paul Müller bekommt „die Amis" dabei nicht richtig zu fassen, wenn er auch wortreiche Antworten erhält. Die Besucher aus den USA reagieren höflich auf die Nachfragen, bieten jedoch mehr Auskünfte zu ihrem breiten Portfolio an als zur prognostizierten technischen Beschaffenheit ihrer Produkte in der Zukunft.

Als man sich nach drei Stunden trennt, fühlt sich Paul Müller unsicher und enttäuscht. Was empfehlen Sie Herrn Müller?

=> Aufgabenstellung und Problemanalyse
Paul Müller hat einen möglichen Lieferanten für eine langfristige strategische Zusammenarbeit zum Pitch eingeladen. Die Besucher aus den USA erhalten zu Beginn des Meetings einen Überblick über die Unternehmensstrategie von „Seriös" und Hinweise zu den möglichen Ansatzpunkten. Obwohl sich beide Seiten bemühen, bricht das Eis nicht. Herr Müller fühlt sich am Ende eher irritiert als bestätigt, was den Einsatz des Lieferanten angeht.

Systematik: Meetingdekodierer

1. Schritt: Signale sammeln und einschätzen
2. Schritt: Checkpoint
3. Schritt: Praxisgerechte Maßnahmen ableiten
4. Schritt: Im Rückspiegel – wie ging der Praxisfall weiter?
5. Schritt: Highlights and Lowlights im Praxisfall „Den perfekten Auftritt hinlegen"

Ihr Lernvorteil
Der „Meetingdekodierer" beleuchtet das Zusammentreffen mit den amerikanischen Gästen. Sie erfahren mehr über die Vorstellungen in den USA zu einer gelungenen Gesprächs- und Vortragssituation zwischen Verhandlungspartnern.

Paul Müller prüft, auf welcher Grundlage er eine Entscheidung über die Beauftragung der amerikanischen Lieferanten treffen kann. Da er weder beruflich noch privat bisher Erfahrungen mit der Kultur in den USA gesammelt hat, entscheidet er sich für eine Fachberatung zum Thema „deutsch-amerikanische Zusammenarbeit".

Die Beraterin, Marlene Hübner, lässt Herrn Müller beim Kennenlernen in ihrem Büro erst einmal alle Eindrücke von dem Termin schildern. Sie klärt anschließend mit Paul Müller, wie und womit sie ihm helfen kann.

Da platzt der sonst so nüchterne Herr Müller heraus: „Ich brauche einen Dekodierer für amerikanisches Verhalten. Mir ist klar, dass die Herren anderen Gepflogenheiten im Geschäftsleben folgen. Ohne Unterstützung gelingt es mir jedoch nicht, den Faktor Kultur herauszuschälen und so die Performance des Lieferanten beim Treffen einzuschätzen."

Marlene Hübner steht motiviert zur Verfügung, denn ihr Fachwissen zur Business-etikette und den Kommunikationsstrukturen in den USA erlauben ihr ohne Probleme eine Deutung der Situation. Sie unterteilt das weitere Beratungsgespräch in zwei Abschnitte:

a) Etikette im Meeting
b) Form und Struktur von Präsentationen

Zu a) Etikette im Meeting

Marlene Hübner geht die einzelnen Punkte aus Paul Müllers Bericht schrittweise mit ihm durch und gibt ihm zu seiner Schilderung ausführlich Feedback

Verbindlichkeit der Agenda für den Gesprächsverlauf

Amerikaner betrachten die Agenda für ein Meeting eher als Vorschlag denn als ein verbindliches Programm. Insbesondere beim Kennenlernen ist es in den USA üblich, den Persönlichkeiten und damit dem Small Talk mehr Raum zu geben, um den anderen gut abzuholen und bei der Gelegenheit schneller und besser kennenzulernen.

Das strickte Befolgen der von Herrn Müller verteilten Agenda wirkte auf die Gäste aus den USA also so nicht professionell wie von Herrn Müller beabsichtigt. Marlene Hübner erklärt ihrem Klienten, dass er durch die Dramaturgie der Veranstaltung vermutlich etwas steif, unflexibel und reserviert auf den möglichen Lieferanten gewirkt hat:

Textbeispiel aus dem Praxisfall

Zu Beginn des Meetings zeigt Herr Müller seinen Foliensatz zur Unternehmensstrategie und den möglichen Ansatzpunkten für die Zusammenarbeit, um seine Erwartungshaltung klar zum Ausdruck zu bringen. Zuvor hat er die von ihm ausgearbeitete Agenda für das Treffen verteilt. Sie wird im Laufe des Treffens genau berücksichtigt.

Gleichheitsverständnis im Meeting

In den USA ist das Hierarchieverständnis ausgeprägter als in Deutschland, wenn es um die Zusammenarbeit zwischen Führungskräften und Mitarbeitern geht. Man demonstriert mehr Respekt von „unten nach oben". Die Etikette verlangt es jedoch von Managern, dass man diesen Respektsbezeugungen mit der Haltung „ich bin ein ganz normaler Mensch und einer/eine von euch" begegnet. Man sorgt für eine freundliche Atmosphäre, bei der jedoch jeder seinen Platz kennt und die unsichtbaren Grenzlinien nicht übertritt. Sowohl offensichtlich hierarchisches Auftreten von Entscheidungsträgern als auch distanzloses Verhalten der Mitarbeiter gelten in den USA als Tabubruch oder zumindest als schlechtes Benehmen.

Vor diesem Hintergrund betrachtet, hat sich Paul Müller „sehr europäisch" inszeniert, als er es versäumt, seine Mitarbeiter vorzustellen, erklärt Marlene Hübner ihrem Klienten. Damit ist gemeint, dass er unabsichtlich ein amerikanisches Vorurteil bedient hat, nach dem Europäer auch mal zu rückständigen Ansichten neigten und im Ganzen nicht „modern" wie die USA seien.

Als Paul Müller das hört, bringt er seine Gedanken auf den Punkt: „Ich glaube, ich habe mich versehentlich vor den Amerikanern wie ein altmodischer, kleiner Diktator präsentiert!

Mein Team und ich haben ein Vertrauensverhältnis. Es verzeiht mir so manchen Fehltritt. Für die Gäste war mein Verhalten ohne Erklärung vermutlich nicht anders einzuschätzen. Das ist ein Malheur. Unser Unternehmen legt Wert auf einen soliden Eindruck – als rückständig und altbacken möchten wir selbstverständlich nicht betrachtet werden. Ich hätte meinen Auftritt vorher üben müssen, damit mir meine Nervosität keinen Streich spielt."

Textbeispiel aus dem Praxisfall

Seine Mitarbeiter sind ruhig und respektvoll. In der Hitze des Gefechts vergisst Herr Müller jedoch, sie einzeln vorzustellen, was die Kollegen nicht tragisch finden. Sie zwinkern ihrem Chef aufmunternd zu. Das Vertrauensverhältnis ist solide, so verzichtet Herr Müller auf eine Entschuldigung und konzentriert sich auf seine Gäste.

Frau Hübner schließt sich diesem Moment der Selbsterkenntnis uneingeschränkt mit einem ermutigenden Lächeln an. Auch bei exzellenten Englischkenntnissen und als potenzieller Auftraggeber kann es nicht schaden, ein wichtiges Meeting zu proben, schließt sie diesen Gesprächspunkt ab.

Anschließend bespricht sie mit Paul Müller seine Einschätzung zum Benehmen der Gäste aus den USA.

Körpersprache im Vergleich

Textbeispiel aus dem Praxisfall

Im folgenden Gespräch sind alle drei Besucher aktiv und wirken ausgesprochen interessiert – allerdings lümmeln sie dabei in den Stühlen. Da es sich um einen klassischen Besprechungstisch handelt und nicht um eine Lounge, ist Paul Müller erneut irritiert vom saloppen Auftritt seiner möglichen Lieferanten.

Die gezeigte Lässigkeit der Amerikaner spiegelt ein typisches Verhaltensmuster wider und darf nicht als Respektlosigkeit oder mangelndes Interesse fehlinterpretiert werden. Gerade in herausfordernden Situationen bewundert man es in den USA, wenn Gesprächspartner ein souveränes Auftreten zeigen. Häufig signalisiert man sich diese Haltung durch eine „unaufgeregte" und nicht angespannte Körpersprache. Paul Müller greift die Erklärung gerne auf und versteht jetzt seine Gäste unter diesem Aspekt schon etwas besser. Er findet es trotzdem nicht professionell, im Stuhl zu „lümmeln" statt zu sitzen, wenn man einen Kunden besucht. Marlene Hübner stimmt seiner Kritik zu: Offensichtlich haben die drei Herren hier etwas zu deutlich ihren eigenen Stil vertreten. Der Fauxpas wäre jedoch in den USA nicht ganz zu deutlich wie in Deutschland.[22]

Interaktion zwischen dem Redner und dem Publikum
Im Anschluss weist Marlene Hübner ihren Klienten Paul Müller darauf hin, dass sein Präsentationsstil für die Amerikaner nicht geeignet ist. In den USA ist es üblich, dass sich das Pu-

---

[22]Thomas, A. (1999, 2006).

blikum durch Fragen oder eine ausführliche Diskussion der Inhalte an einem Vortrag beteiligen kann. Es gilt als Zeichen von Interesse, wenn die Zuhörer sich intensiv einzubringen.

Der Sprecher stellt seinerseits gezielte Fragen oder nimmt kurze Pausen ins Programm, um in Kontakt mit seiner Zielgruppe zu kommen. Paul Müllers Vorgehen zeigte auch für einen deutschen Zuhörerkreis zu viel Ein-Kanal-Kommunikation. Aus der Sicht von Amerikanern war die Vortragssituation durch die fehlende Interaktionsmöglichkeit ungewohnt und deshalb anstrengend – trotzdem zeigten die potenziellen Lieferanten ihre Ernsthaftigkeit:

Textbeispiel aus dem Praxisfall

Paul Müller spricht gut Englisch. Er stellt die Inhalte vor ohne eine Pause oder Raum für Interaktion. Die drei Amerikaner hören aufmerksam zu.

Paul Müller nickt und nimmt den Hinweis gerne an, denn die Vortragsweise der Amerikaner ist bei seinem Team und ihm gut angekommen:

Textbeispiel aus dem Praxisfall

Mike und seine Kollegen teilen sich die Redezeit und gestalten die Präsentation als Team. Sie binden die Zuhörer ein. Das finden Herr Müller und seine Mitarbeiter lebendig und sympathisch.

Humor als Eisbrecher in anspruchsvollen Situationen

Paul Müller schildert jedoch mit deutlichem Missvergnügen, dass er den Witz der Gäste zum Ende seines Vortrages als unpassend empfunden hat:

Textbeispiel aus dem Praxisfall

Nach der Präsentation machen sie einen Witz: „Lot of work to do. Are you sure you really want that?", über den sie herzhaft lachen.

Paul Müller erklärt, dass er sich in der Situation nicht ernst genommen gefühlt hat. Lachend sagt er: „Vielleicht wurde auch nur meine Eitelkeit verletzt. Trotz dieses Erklärungsversuches haben die Gäste auf mich einen schlechten Eindruck gemacht."

Marlene Hübner betrachtet die Bemerkung einerseits als üblichen Eisbrecher, den man in den USA in beispielsweise einer steifen oder angespannten Atmosphäre normalerweise zum Einsatz bringt, um das Gesprächsthema zu wechseln oder zumindest das Zusammensein für alle Anwesenden angenehmer zu machen. Fröhlichkeit und gute Laune sind im amerikanischen Geschäftsleben etwas häufiger anzutreffen als in Deutschland. Andererseits war es sicher ein – mehr oder weniger geglückter – Versuch, miteinander ins Gespräch zu kommen und zu zeigen, dass man die Inhalte verstanden hatte.

Paul Müller versteht durch die Erläuterung, dass seine Verunsicherung über die Professionalität des Lieferanten eine Ergebnis von Mentalitätsunterschieden ist, von denen man nicht linear auf die Qualität des Lieferanten schließen kann. Auch nach der kompetenten Reflexion mit Frau Hübner fand er noch immer den einen oder anderen Moment mit seinen Gästen nervig, jetzt gelang es ihm jedoch besser, seine Eindrücke zu ordnen und in Bezug auf seine anstehende Entscheidung zur Lieferantenauswahl zu gewichten.

Zu b) Form und Struktur von Präsentationen
Form von Präsentationen/Selbstmarketing und Nutzenargumente
Anschließend berichtet Herr Müller Marlene Hübner von den vielen Superlativen in der Präsentation von Mike Rodgers, als dieser das Leistungsspektrum seines Unternehmens vorgestellt hat.

Paul Müller findet diese Rhetorik unseriös, wie er Frau Hübner darlegt. Die Region, in der das Unternehmen „Seriös" in Deutschland angesiedelt ist, geht mit Lob sparsam um. Eigenlob ist geradezu verpönt und wirkt deshalb auf Paul Müller nicht vertrauenerweckend.

Textbeispiel aus dem Praxisfall

Der Gesprächston zwischen den Verhandlungsparteien bleibt freundlich, doch kann Herr Müller die Qualität der Leistung „der Amis" noch nicht wirklich einschätzen. Im folgenden Vortrag von Mike Rodgers, dem Delegationsleiter der amerikanischen Seite, erfährt er, dass alles „highly innovative and due to latest reseach" sei. (…) Paul Müllers im Vorfeld getätigte Recherchen bestätigen, dass die US-Firma solide Produkte anbietet. Das Sortiment ist jedoch schon seit drei Jahren unverändert. Paul Müller findet die Selbstdarstellung seiner Gäste deshalb übertrieben (…).

Marlene Hübner kann den Blickwinkel ihres Klienten gut nachvollziehen, schließlich arbeitet sie schon seit vielen Jahren im Südwesten von Deutschland, wo man gerne das geflügelte Wort „Nicht geschimpft ist gelobt genug" zitiert. Sachlich stellt sie Herrn Müller jetzt die amerikanische Sichtweise vor:

In den USA gilt umfassendes Selbstmarketing als Zeichen von Professionalität. Es geht nicht darum, den möglichen Geschäftspartner mit seinen Aussagen gezielt hinters Licht zu führen. Aus amerikanischer Sicht muss man sich sehr überzeugt vom eigenen Angebot zeigen, weil man seine Kunden anders nicht begeistern kann. Dazu gehört der großzügige Gebrauch von Superlativen. Der Gedanke dahinter ist: Warum sollte ein Kunde von mir begeistert sein, wenn ich es nicht bin?[23]

Frau Hübner rät ihrem Klienten dazu, Vergleichsangebote einzuholen, wenn der technische Stand des amerikanischen Unternehmens ihm nicht innovativ genug erscheint. Als Alternative schlägt sie ihm vor, konkrete Vereinbarungen zur technischen Qualität mit dem möglichen Lieferanten festzulegen. Die ausschmückende Sprache von Mike Rodgers ist jedoch kein Anzeigen für einen Mangel an Seriosität. Paul Müller hat durch die Beratung von Marlene Hübner bereits viel über die amerikanische Businesskultur gelernt, deshalb fragt er jetzt: „War meine Präsentation aus amerikanischer Sicht zu bescheiden?" Frau Hübner antwortet lachend: „Ja, davon können Sie ausgehen." Paul Müller schmun-

---

[23]Thomas, A. (1999, 2006); Thomas et al. (2006); Hufnagel, A. & Thomas, A. (2006).

zelt und nimmt sich vor, dass er bei der nächsten Gelegenheit die Stärken seines Unternehmens und seiner Abteilung etwas mehr zur Geltung bringen wird.

Struktur der Präsentationen/Unterschiedliche Argumentationsstrukturen
Paul Müllers Ehrgeiz ist geweckt, deshalb geht er mit Marlene Hübner seinen gesamten Vortrag durch und prüft ihn in Bezug auf den gewünschten Kommunikationserfolg bei einer amerikanischen Zielgruppe. Frau Hübner gibt Paul Müller diese Ratschläge:

„Der ideale Einstieg in den Vortrag ist eine lockere – im Idealfall – humorvolle Bemerkung. Dieser Eisbrecher ist für Amerikaner wichtig. Er weckt das Interesse bei den Zuhörern und schafft vom ersten Moment an eine positive Beziehungsebene zwischen dem Referenten und der Gruppe.

Im Anschluss folgt wie in Deutschland die Vorstellung der Gesamtstrategie (des Unternehmens oder der Abteilung), die für ein Publikum aus den USA natürlich interessant ist. Dieser Abschnitt nimmt jedoch nicht zu viel Raum ein. Wichtiger ist es, Ihr konkretes Mandant zu klären (Warum befassen Sie sich mit dem Thema?) und die Zusammenarbeitsstrukturen offenzulegen, d. h., wer gehört zum Team, wo sind Schnittstellen zu anderen Abteilungen, wer hat welche Rolle? Selbstverständlich erwähnen Sie spätestens hier ein paar Sätze zur eigenen Person und gehen auf Ihr Verantwortungsspektrum und Ihre Erfahrungen ein.

Dann folgt ein sehr wichtiger Punkt auf Ihrer Vortragsagenda, denn jetzt stellen Sie die Aufgabenstellung vor: Sie klären die Zielrichtung Ihres Beitrages und welche Fragestellung Sie durch Ihre Präsentation besprechen wollen. Hier ist ein detaillierter Blick wichtig. Es geht weniger um strategische Betrachtungen als um operative Problemstellungen und deren Lösungen.

Auf die Darlegung der Arbeitsaufgabe folgen bei US-Referenten im Vortrag unmittelbar als nächster Punkt die konkreten, möglichen Lösungsvorschläge. Hier ist es wichtig, auf den Punkt zu kommen und den Nutzen der jeweiligen Lösung herauszuarbeiten. In den USA kommt es übrigens nicht selten vor, dass man die Lösungsvorschläge sogar vor der Aufgabenstellung anspricht. Daran merken Sie: Ein amerikanisches Publikum interessiert sich besonders für Lösungen zu konkreten Herausforderungen und weniger für abgehobene Strategien. Diese Hörererwartung sollten Sie nie aus den Augen verlieren.

Wenn Sie die von Ihnen vorgestellte Lösung bereits in Teilen implementiert haben, bieten Sie konkrete Informationen zum Erfüllungsgrad an – gerne in Form eines Projektplanes. Ist die Implementierung bereits abgeschlossen, dann sind auch ein generelles Fazit zum Erfolg (Aufwand versus Nutzen) und die Lernkurve aus dem Thema bei Mitarbeitern und Management (Lessons Learned) ein wichtiger Gesprächspunkt.

Stehen diese Informationen aufgrund des fehlenden Reifegrades in der Zielerfüllung nicht zur Verfügung, erzählen Sie von Success Stories rund um Ihren Vorschlag aus anderen Unternehmensteilen oder aus vergleichbaren Unternehmen. Berichten Sie insbesondere zu Beginn einer Initiative von den geplanten nächsten Schritten und deren erwarteten (positiven) Konsequenzen für die Aufgabenerfüllung.

Im Anschluss an diese Struktur erwartet ein amerikanisches Publikum, dass man das Gehörte – gerne ausführlich – gemeinsam diskutiert und Fragen beantwortet oder Kommentare bespricht. Man wünscht sich eine lebhafte Debatte, bei der sich alle gleichberechtigt einbringen (dürfen). Planen Sie Ihren Vortrag so, dass Sie dafür ein Drittel Ihrer gesamten Präsentationszeit einsetzen. Keine Sorge: Es ist nicht zu erwarten, dass Ihr Publikum sich nicht zu Wort meldet. In den USA ist es ein Zeichen von Höflichkeit und auch Motivation, den Vortrag mit einer Gruppendiskussion abzurunden. Man geht sogar so weit, die Güte einer Präsentation an der Intensivität der folgenden Diskussion zu bewerten. Man erwartet einen kurzweiligen, multimedialen und interaktiven Vortrag, der nicht zu lange dauert und auch bei offiziellen Anlässen humorvolle Momente enthalten darf."

Paul Müller hat mit großem Interesse zugehört und vergleicht im Geiste den Vortrag von Mike Rodgers mit der von Marlene Hübner empfohlenen Struktur (Abb. 2.16). Die Beschreibung passt genau zu dem gewählten Vorgehen des amerikanischen Delegationsleiters:

Textbeispiel aus dem Praxisfall

Mike und seine Kollegen teilen sich die Redezeit und gestalten die Präsentation als Team. Sie binden die Zuhörer ein. Das finden Herr Müller und seine Mitarbeiter lebendig und sympathisch. (…) Paul Müller findet die Selbstdarstellung seiner Gäste (…) übertrieben und bleibt unsicher, ob der mögliche Lieferant auch in der Zukunft den Stand der Technik seiner Produkte garantieren kann. (…) Alle drei amerikanischen Verhandlungspartner scheinen Fragen zu diesem Punkt auszuweichen. Sie sprechen allerdings ausführlich über den Nutzen und die Anwendungsbereiche der Bauteile. Die zahlreichen Erfolgsgeschichten nehmen fast drei Viertel der Präsentation ein.

- Beginnen Sie mit einem Witz, gerne über sich selbst
- Strategie/Mission/Ihr Mandat als Abteilung und Person
- Aufgabenstellung
- Konkrete Lösungsschritte: manche Sprecher erwähnen die Lösung zuerst
- Erfüllungsgrad
- Nächste Schritte
- Diskussion oder Fragen

Abb. 2.16   Reihenfolge Präsentationsinhalte USA

Diese Beobachtung gibt Herrn Müller noch mehr Sicherheit, wenn es darum geht, den potenziellen Lieferanten einzuschätzen. Allerdings kann er sich noch immer nicht erklären, warum die Herren nicht mehr auf die technischen Aspekte der Produkte und Systeme eingegangen sind.

Marlene Hübner gibt den folgenden Rat: „Den genauen Grund können wir auf der Basis der vorliegenden Daten nicht bestimmen. Aus meiner Sicht hat Ihr potenzieller Lieferant auf die Überzeugungskraft seiner Erfolgsgeschichten und Nutzenargumente gesetzt." Paul Müller findet – nach den bisher gesammelten Informationen – den Hinweis nachvollziehbar. Er bewertet deshalb seine Eindrücke von dem Meeting mit den amerikanischen Gästen anders als zuvor.

Dann stellt er eine weitere Frage zu seinem Vortragsstil. Es ist im wichtig, dass er immer gut vorbereitet vor seine Zuhörer tritt und eine fundierte Begründung für seine Thesen anbieten kann, noch bevor er danach gefragt wird. Marlene Hübner erklärt ihm, dass dies dem typisch deutschen Ablauf genau entspricht. Wir haben in der Schule alle einmal gelernt, wie wichtig die klare Begründung für die Kompetenzzuweisung der Zuhörer für den Redner ist. Paul Müller gibt ihr recht: Auch seine Kinder lernen gerade, Sachargumente in Erörterungen zu formulieren. Sie folgen genau diesem Stickmuster, wie in Abb. 2.17 ersichtlich.

Die Beraterin Marlene Hübner holt noch weiter aus: In den USA legt man besonderen Wert auf den konkreten Nutzen von Ideen und erwartet deshalb von einem Referenten, dass er frühzeitig im Vortrag seine Gedanken durch Beispiele illustriert (Abb. 2.18).

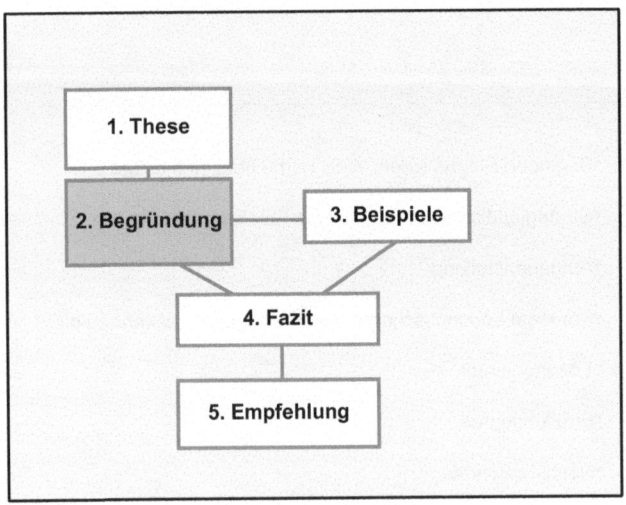

Abb. 2.17 Argumentationsmuster in Deutschland. (Müller, S. 2003)

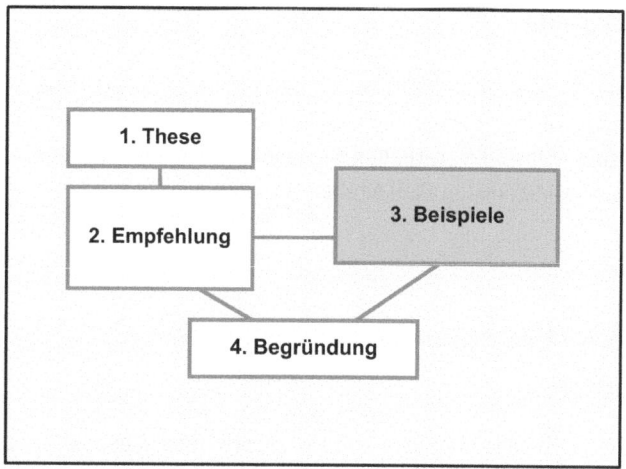

Abb. 2.18 Argumentationsmuster in den USA. (Müller, S. 2003)

Die Kompetenzzuweisung für den Redner orientiert sich in den USA am Praxisnutzen der vorgestellten Lösung. Die analytisch hochwertige Darstellung des Problems und dessen Ursachen sind nicht unwichtig, stehen jedoch nicht im Mittelpunkt des Gesprächs.

Praxistipp zur Kommunikationskompetenz in den USA
In allen Bundesstaaten der USA wird in der Ausbildung viel Wert auf Lernen mit Planspielen oder Fallbeispielen gelegt. Auch in der Arbeitswelt wird dieser Fokus beibehalten. Das verbale Ausdrucksvermögen wird mit Blick auf den mündlichen Diskurs und Teamarbeit durchgängig gut geschult. So kommt es, dass uns Amerikaner in vielen Sprechsituationen – unabhängig von dem Vorteil, dass sie mit uns meist in ihrer Muttersprache kommunizieren – im Auftritt und auch in der Kommunikationswirkung überlegen sind. Prüfen Sie also Ihre Kompetenzen, wenn Sie „gleichziehen" möchten, und vergessen Sie dabei nicht, wie wichtig Ihre Körpersprache für Ihren gelungenen Auftritt ist.

Paul Müller hat die Erklärungen von Marlene Hübner gut verstanden. Er kann dank der Dekodierung des Verhaltens seiner amerikanischen Geschäftspartner die Situation jetzt klarer einschätzen.

Bitte fassen Sie die wichtigsten Lernschritte von Paul Müller anhand der Fragen im Kulturnavigator zusammen und reflektieren Sie Ihre Erfahrungen in der Zusammenarbeit mit amerikanischen Partnern.

2. Schritt Checkpoint

Ihr Lernvorteil

Der Kulturnavigator bietet Ihnen die Gelegenheit, Ihre Meinung zum Praxisfall strukturiert zusammenzufassen. So erhalten Sie einen klaren Ausgangspunkt, um die nächsten Schritte des Protagonisten Paul Müller einzuschätzen.

Kulturnavigator

1) Wie schätzen Sie die Bedürfnisse von Paul Müller ein?
....
....

2) Wie beurteilen Sie das Vorgehen von Paul Müller und seinem Team?
....
....

3) Welche Veränderungen in der Zusammenarbeit schlagen Sie vor?
....
....

3. Schritt: Praxisgerechte Maßnahmen ableiten

2.3.4   Kultursensible Handlungsoptionen mit Empfehlung

Paul Müller erstellt zusammen mit Marlene Hübner ein klassisches Stärken-Schwächen-Profil[24] seines Lieferanten (Abb. 2.19).

Paul Müller betrachtet das Ergebnis. Er findet das Verhältnis zwischen positiven und negativen Aspekten ausgewogen. Das Risiko fortgesetzter interkultureller Missverständnisse macht ihm jedoch Sorgen. Auch die möglicherweise mangelnde Innovationsleistung des Lieferanten ist noch nicht geklärt.

Um eine Entscheidung treffen zu können, wünscht er sich noch weitere Informationen. Er möchte die Produkte, die Arbeitsweise und auch die Menschen noch besser kennenlernen. Er ruft Mike Rodgers an und erfährt: Die Herren sind noch in Deutschland, weil sie noch weitere Kundentermine wahrnehmen.

Als Herr Müller sein Anliegen vorbringt, reagiert Mike mit einem überraschenden Schritt: Spontan entscheidet er sich dafür, dass er und sein wichtigster Mitarbeiter ihren Aufenthalt um einige Tage verlängern und so einem weiteren Treffen mit Paul Müller nichts im Wege steht. Herr Müller ist beeindruckt von dem gezeigten Interesse an der Zusammenarbeit und freut sich auf die weiteren Gespräche. Bei dem nächsten Treffen möchte

---

[24] Porter, M. (1980).

Abb. 2.19 Stärken-Schwächen-Profil Lieferantenverhältnis

er seinen Gästen mehr entgegenkommen als beim letzten Mal. Sein Ziel ist es, eine offene Gesprächsatmosphäre zu schaffen. Herr Müller organisiert deshalb zusammen mit Marlene Hübner ein Programm bestehend aus zwei Instrumenten, das amerikanischen Vorlieben entspricht:

a) **Instrument Eisbrecher**
b) **Instrument Innovationworkshop**

Ihr Lernvorteil

Sie erfahren, wie Sie mit zwei Instrumenten im Event-Format die Gesprächsatmosphäre mit Partnern aus den USA positiv beeinflussen können. Die Systematik geht auf On-Site- und Off-Site-Situationen ein.

Zu a) Instrument Eisbrecher

Paul Müller und sein Team laden die beiden amerikanischen Kollegen zum Spiel des regionalen Fußballklubs ein. Das Unternehmen „Seriös" ist ein Sponsor des Vereins und hat deshalb jederzeit Zugang zur VIP-Lounge. So ist trotzdem eine anspruchsvolle, professionelle Atmosphäre für das Zusammensein gegeben. Herr Müller möchte „Seriös" von der besten Seite zeigen.

---

[25]Zugegriffen am 12. Juni 2019.

Praxistipp Sportveranstaltungen im Geschäftsleben
In den USA gelten Sportveranstaltungen als ideale Kulisse für private und geschäftliche Zusammenkünfte. Sie bieten einen zwanglosen Rahmen, um sich einerseits näher kennenzulernen – und andererseits steht durch den Event ein zwangloses Programm zur Verfügung, um Langeweile zu vermeiden. Aus diesem Grund trifft man sich nicht nur im Familien- oder Freundeskreis im Sportstadion. Auch als Location für eine Team- oder Kundenveranstaltung sind diese Termine sehr beliebt. Ausgeprägter Sachverstand für die konkrete Sportart wird dabei nicht erwartet. Solange die Anwesenden mit guter Laune den Anlass genießen, ist man in den USA zufrieden.

Die Analogie zwischen Sport und dem Geschäftsleben ist in den USA deutlich. Betrachtet man die Einträge auf Google für „being a good sports",[25] zeigen sie das folgende Spektrum an Bedeutungen:

- Good Sportsmanship as a player.
- Play fair. Sounds simple, but you'd be surprised how many men will cheat or play dirty to win. ...
- Be a team player. ...
- Stay positive. ...
- Keep trash talk to a minimum. ...
- Lose gracefully. ...
- Win with class. ...
- Respect the rulings of officials. ...
- Watch your alcohol intake.

Die Beschreibungen reichen von der wörtlichen Bedeutung eines erfolgreichen Sporteinsatzes bis zur Berücksichtigung offizieller Regeln oder der Mäßigung beim Alkoholkonsum. Diese Entlehnungen der Sportbegriffe für den Alltags- oder Businesswortschatz zeigen: Nicht jeder Amerikaner ist sportlich – aber Sie schaffen mit vielen Amerikanern eine gute Gesprächsstimmung durch den gemeinsamen Besuch eines Sportevents.

Hintergrundwissen zur Leistungs- und Ergebnisorientierung in den USA
In den USA spielt es argumentativ eine große Rolle, leistungs- und ergebnisorientiert aufzutreten. Amerikaner zelebrieren im Alltag ein hohes Maß an persönlicher Bequemlichkeit, deshalb zollt man „hard work" großen Respekt und bewundert motivierte Menschen für ihre Disziplin und Arbeitshaltung. Da man gerne pragmatisch vorgeht, möchte man zu jedem gewünschten Zeitpunkt den konkreten Beitrag zu einem Ergebnis nachvollziehen können. Es ist also ein großes Lob, wenn Sie über eine Kollegin sagen: „Sie arbeitet hart und liefert konkrete Ergebnisse."

> Bei allem Wettbewerb um die besten Jobs, den es in den USA natürlich ebenfalls gibt, achtet man auf Freundlichkeit am Arbeitsplatz. Man umgibt sich gerne gegenseitig mit viel „Nestwärme": Der Kollegenkreis trifft sich privat in größeren Abständen und oder nimmt nach der Arbeit als Team beziehungsweise in beliebigen Konstellationen gemeinsam einen Drink ein.

Mike Rodgers und sein Kollege verstehen die Initiative von Paul Müller sofort. Als man sich an dem Nachmittag im Stadion trifft, erscheinen alle in Freizeitkleidung. Paul Müller hat für die Gäste Fanmützen und -schals des Fußballklubs dabei, die er selbst und sein Team bereits tragen. Das sorgt sofort für eine positive Gruppendynamik. Während man ein bisschen über Spielzüge fachsimpelt (die beiden Amerikaner sind überraschend gut über deutschen Fußball informiert), springt der menschliche Funke über.

Der Nachmittag verläuft unterhaltsam und auch in Bezug auf die geschäftlichen Themen vielversprechend. Mike Rodgers und Paul Müller diskutieren beim Snack in der VIP-Lounge die Anknüpfungspunkte zwischen ihren Unternehmen. Sie finden viele Gemeinsamkeiten und kreisen potenzielle Themenfelder für die strategische Zusammenarbeit ein. Es sind im Grunde die gleichen Punkte, die Paul Müller bereits in seiner Präsentation vorgestellt hatte. Jetzt kann Mike Rodgers offensichtlich mehr damit anfangen. „Der Groschen ist gefallen", schmunzelt Paul Müller.

Herr Müller tritt weniger steif auf, da er die Ratschläge von Frau Hübner im Kopf behält. Mike Rodgers und sein Kollege wirken so entspannt wie schon beim letzten Treffen, ihre Gesprächshaltung ist erneut sehr zugewandt. Das kommt beim deutschen Team uneingeschränkt gut an. Paul Müller ist nach dem Tag auf der menschlichen Ebene überzeugt von einer Geschäftspartnerschaft mit den Amerikanern.

Trotzdem möchte er noch mehr über die zukünftige technische Innovationskraft seines möglichen Lieferanten erfahren. Dazu schlägt er ein zweites Treffen in den USA vor, bei dem man gemeinsam konkrete Fragestellungen zum Stand der Technik der Kunden von „Seriös" bearbeitet. Mike Rodgers reagiert mit großer Begeisterung auf den Vorschlag, die weit über übliche Höflichkeitsfloskeln hinausgeht. „Ein Feuerwerk an Superlativen. Das ist ein gutes Zeichen", stellt Paul Müller fest.

Mike Rodgers blüht geradezu auf: „Ein gemeinsamer Workshop ist das ideale Format, um die offenen Fragen beider Seiten zu klären und zu einer Vereinbarung zu gelangen." Über den Nachmittag hat er Paul Müller als fairen, aber gründlichen Gesprächspartner schätzen gelernt. Das entspricht seiner Vorstellung von „den Deutschen". Sicher gelingt es ihm auf heimischen Boden in den USA, Paul Müller als Kunde zu gewinnen. Mike ist dankbar für die Chance zum Nachbessern.

Zu b) Instrument Innovationsworkshop

Im Rahmen der Vorbereitung holt sich Paul Müller die Erwartungen von der Geschäftsleitung und dem Leiter der Entwicklungsabteilung von „Seriös" ab. Er erhält ein klares Briefing, was man sich von der Innovationskraft eines möglichen strategischen Partners verspricht. Zusammen mit seiner – wie Herr Müller sagt – „rechten und linken Hand", Gerlinde Reiter, reist Herr Müller in die USA. Das Unternehmen vertraut dem Einschätzungsvermögen von Paul Müller, deshalb reist kein Vertreter der Entwicklungsabteilung mit in die USA.

Mike Rodgers und seine Kollegen von der Entwicklungsabteilung nehmen sich einen Tag Zeit. Sie sind begeistert von dem gemeinsamen Innovationsworkshop und legen sich mit voller Motivation ins Zeug. Die zuvor abgestimmte Agenda sieht vor, dass man plausible Zukunftsszenarien für die technische Entwicklung zu einer Produktreihe diskutiert. Die vermuteten Anforderungen der internationalen Märkte sind ein weiteres Gesprächsthema. Einen genauen Zeitplan für den Workshop gibt es jedoch nicht, denn man möchte „guten Gedanken Raum geben", wie Paul Müller und Mike Rodgers es in der Vorbereitung ausdrücken. Damit alle Ideen dokumentiert werden, ist ein junger Entwicklungsingenieur dafür vorgesehen, den Tag zu protokollieren. Paul Müller und Gerlinde Reiter erhalten ebenfalls eine Ausfertigung.

Alles läuft bestens: In der intensiven Zusammenarbeit lernt man sich auch fachlich gut kennen, entwickelt inhaltlich gemeinsame Blickwinkel und verpflichtet sich zu konkreten Vereinbarungen, die Paul Müller im Sinne seines Unternehmens als sehr positiv einschätzt.

Der Gedankenaustausch erfolgt kollegial und partnerschaftlich. Paul Müller ist technisch sehr versiert, denn er ist Ingenieur. Auch Gerlinde Reiter ist Ingenieurin und sehr erfahren. Sie repräsentiert das eigene Unternehmen in beeindruckender Weise. Beide sind begeistert von der inspirierenden Stimmung, der konstruktiven und lebhaften Debatte zwischen allen Anwesenden. Den lässigen Auftritt ihrer Gastgeber und die kontinuierliche Betonung vom Nutzen der Technik durch ausführliche Success Stories ordnen die beiden Kollegen nun korrekt ein. Die Amerikaner sind ihrerseits beeindruckt vom Sachverstand der deutschen Einkäufer.

Bei dieser Gelegenheit klärt sich, warum Mike Rodgers die bohrenden Fragen zur Innovationskraft seines Unternehmens in Deutschland nicht zufriedenstellend beantwortet hatte. Als Vertriebsexperte ist er technisch versiert und bestens über das Leistungsspektrum des eigenen Hauses informiert. Trotzdem überlässt er die Beantwortung von Herrn Müllers Fragen beim Innovationworkshop lieber seinen Kollegen aus der Entwicklungsabteilung. Alles andere entspräche nicht seiner Rolle im Unternehmen. Mike hatte nicht damit gerechnet, dass Paul Müller und sein Team beim ersten Treffen in Deutschland fachlich so tief einsteigen würden. Diesmal hat er seine Hausaufgaben gemacht und alle benötigten Gesprächspartner an einen Tisch gebracht.

Nach diesem Tag steht für Paul Müller fest: Er hat den richtigen Lieferanten für die strategische Partnerschaft gefunden, denn alle Anforderungen der Geschäftsleitung von „Seriös" an die Zusammenarbeit werden erfüllt.

Am Abend führen die amerikanischen Gastgeber die beiden Deutschen in ein typisches Seafood-Restaurant in den Hafen von Boltimore. Tags darauf wartet ein aktionsreiches Programm auf die Besucher: Vorträge, Unternehmensführungen an den verschiedenen Standorten des US-Unternehmens in der Stadt und ein gemeinsames Abendessen im großen Kreis.

Auf dem Heimflug reflektieren Paul Müller und Gerlinde Reiter den Verlauf der Verhandlungen mit dem amerikanischen Lieferanten und sind zufrieden mit ihrer Lernkurve und vor allem dem positiven Ergebnis. Sie freuten sich auf die nächsten gemeinsamen Schritte.

4. Schritt: Im Rückspiegel – wie ging der Praxisfall weiter?

- Die Ergebnisse aus dem Innovationsworkshop sind so wertvoll für beide Unternehmen, dass man die strategische Partnerschaft vereinbart. Paul Müller und Gerlinde Reiter nehmen starke Eindrücke von der Motivation, der Kundenorientierung und der technischen Leistungsfähigkeit des US-Lieferanten mit. Die Preise sind von Anfang an wettbewerbsfähig, deshalb hat Paul Müller die drei Kollegen aus den USA zur Besprechung nach Deutschland eingeladen.
- Paul Müller und Gerlinde Reiter merken vor Ort, wie flexibel man in den USA auf alle Fragen und Wünsche von ihrer Seite eingeht. Das finden sie sehr positiv. Alle Gespräche und Vorträge sind sehr interaktiv geführt worden. Diese Erfahrung inspiriert die beiden deutschen Kollegen. Nach Hause zurückgekehrt, feilen sie am Vortragsstil der Abteilung, um künftig einen moderneren Auftritt hinzulegen.
- Die weitere Zusammenarbeit verläuft nicht immer ohne Komplikationen: Ab und zu verspätet sich eine Lieferung aus den USA oder es gibt kleinere Qualitätsmängel. Alles in allem passiert jedoch nichts, was man nicht auch aus dem Alltag mit anderen Lieferanten kennt.
- Positiv ist die hohe Flexibilität der neuen Partner, die auch kurzfristig auf neue oder erweiterte Anforderungen von „Seriös" eingehen, ohne Krisenstimmung zu verbreiten. Da „Seriös" in den nächsten Jahren ein beeindruckendes Wachstum hinlegt, erweist sich dies als wichtige Eigenschaft des Lieferanten.
- Die beiden Unternehmen kommen auch in der Zukunft regelmäßig zum Know-how-Austausch zusammen, so dass das Format „Innovationworkshop" zur echten Erfolgsgeschichte wird und viele gute Ergebnisse liefert. Paul Müller setzt das Instrument auch im Kontakt mit weiteren Lieferanten mit großem Erfolg ein. Er kopiert sogar das amerikanische Vorgehen, indem er auch mit anderen Partnern selbst bei intensiven Gesprächen über die Technik der Zukunft den maximalen Anwendungsnutzen seiner Kunden immer wieder in den Mittelpunkt stellt.

5. Schritt: Highlights and Lowlights im Praxisfall „Den perfekten Auftritt hinlegen"

- Paul Müller und sein Team konzentrierten sich in der Vorbereitung auf die fachlichen Themen. Das ist verständlich. Der Aspekt „Kultur" hat sich jedoch beim persönlichen Treffen als ausschlaggebend gezeigt und hätte beinahe die Einschätzung von Herrn Müller über den amerikanischen Lieferanten getrübt. Da sich auch die Gäste aus den USA über die Unterschiede in der deutsch-amerikanischen Wirtschaftskommunikation keine Gedanken gemacht hatten, ist der Verlauf des ersten Treffens als typisch zu bezeichnen. Häufig fühlen sich amerikanische Gäste in Europa wie „fish out of water", d. h., sie sind durch die ungewohnte Umgebung (und den Zeitunterschied) nicht ganz auf der Höhe ihrer persönlichen und professionellen Möglichkeiten. Es ist sinnvoll, diesen Aspekt im Vorfeld durch gezielte Maßnahmen abzufedern. Alles andere muss als Ressourcenverschwendung bezeichnet werden.
- Herr Müller zeigt eine erfreulich kurze Reaktionszeit, als er das Misslingen des Meetings bemerkt. Er bindet eine kompetente Fachberatung ein und verbessert sein

Verständnis über die verschiedenen Argumentationsmuster beider Länder. Das hilft ihm, die Qualität des Lieferanten genauer einzuschätzen. Besonders wichtig ist es, dass er seine emotionalen Eindrücke einem erfolgreichen „Reframing" unterzieht. Er lernt, seinen Ärger über den saloppen Auftritt der Lieferanten in einen situationsangepassten Rahmen zu setzen. Auch seine eigene Performance betrachtet er mit neuen Augen und verbessert seine altbackene Vortragsweise.

- Glücklicherweise gab es noch eine zweite Chance für die Geschäftsverbindung, da die Vertreter des amerikanischen Lieferanten noch in Deutschland waren. Sie zeigten sich – auch für amerikanische Verhältnisse – sehr flexibel. Spontan verlängerten ihren Aufenthalt in Deutschland, als Paul Müller sie anrief, um ein zweites Treffen möglich zu machen.
- Hier fällt positiv auf, dass die Wahl nicht auf ein weiteres Businessmeeting fällt, sondern auf den gemeinsamen Besuch einer lokalen Sportveranstaltung. Die Idee und die sympathische Umsetzung durch das Team von Paul Müller sind ein echtes Highlight. Das Format hat es den US-Gästen leicht gemacht, die eigenen Stärken auszuspielen.
- Der Innovationsworkshop ist ein weiteres Highlight: Ein Workshop ist bestens geeignet, den wichtigen Themenkreis „technische Leistungsfähigkeit des Lieferanten" auf Augenhöhe miteinander zu besprechen. Paul Müller und Mike Rodgers bereiten das Programm gemeinsam vor, was ein weiterer Schritt in Richtung „gutes Gelingen" ist. Zudem ist es bemerkenswert, dass bei „Seriös" ein Reisebudget für Herrn Müller und Frau Reiter vorhanden ist. Es ist sinnvoll, einen amerikanischen Geschäftspartner vor Vertragsabschluss „auf heimischen Boden" zu beurteilen, trotzdem scheuen sich viele Unternehmen, diese Investition zu tätigen.
- Ein Lowlight ist es aus meiner Sicht trotz aller Erfolge, dass Herr Müller und Frau Reiter nicht durch einen Entwicklungsexperten aus dem eigenen Haus bei der Dienstreise unterstützt wurden. Das hätte das ohnehin gute Ergebnis des Innovationworkshops sicher zusätzlich verstärkt.

Fazit

- Obwohl die USA als „melting pot" bezeichnet werden, d. h. als ein Ort, an dem kulturelle Unterschiede sich durch gegenseitige Anpassung auflösen, zeigen nicht alle Amerikaner das nötige Anpassungsvermögen oder eine spontane Situationsintelligenz in interkulturellen Kontakten.
- Ratsam ist es, die Zügel selbst in die Hand zu nehmen. Stellen Sie sich auf die amerikanischen Geschäftspartner unter jedem Aspekt ein: von verträglichem Essen bis zur Argumentationsstruktur. Dann erzielen Sie leichter Ihr ideales Ergebnis.
- Paul Müller hat dies spät erkannt, dafür die Situation umso strukturierter zum Erfolg geführt.

Was nehmen Sie mit?

Sie haben den Praxisfall von Paul Müller aus verschiedenen Perspektiven reflektiert. Bitte fassen Sie nun Ihre stärksten Eindrücke zusammen, um so Ihre Gedanken und Lernfortschritte zu dokumentieren. Das Arbeitsblatt hilft Ihnen dabei, in der Chronologie des Praxiskapitels vorzugehen:

Erster Schritt: Meetingdekodierer

1) Diagnose stellen:

....

....

2) Vergleich: Vor und nach der Beratung durch Marlene Hübner

....

....

Zweiter Schritt: Checkpoint/Kontrollpunkt

1) ....

2) ....

3) ....

Dritter Schritt: Praxisgerechte Maßnahmen ableiten

1) Eisbrecher

....

....

2) Innovationworkshop

....

....

Literatur

Flanagan, J. C. (1954): The critical incident technique, in: Psychological Bulletin, 51, S. 327–358.

Hufnagel, A. & Thomas, A. (2006). Leben und studieren in den USA. Trainingsprogramm für Studierende, Schüler und Praktikanten. Göttingen.

Lewin, K. (1936): Some social-psychological differences between the United States and Germany, in: Personality, Volume 4, Issue 4, S. 265–29.

Müller, S. (2003): We, on Death Row- der Tod steht ihnen gut, Reihe Kulturwissenschaftliche Werbeforschung, Band 4, Frankfurt am Main.

Müller, S. & Küntscher, R. (2001): Mitarbeiterbefragung, Blick in den Spiegel, in Arbeit und Arbeitsrecht, Ausgabe 10, Berlin.

Oberg, K.: Cultural Shock: Adjustment to New Cultural Environments. In: Practical Anthropology 7/4 1960, S. 177–182. Reprint in: Curare Nr. 29/2+3 2006, S. 142–146.

Porter, M. E. (1980): Competitive Strategy: Techniques for analyzing industries and competitors: with a new introduction, New York.

Thomas, A. (1999): Handlungswirksamkeit von Kulturstandards. Beispiele an deutsch-amerikanischen und deutsch-chinesischen Interaktionen. In H. Hahn (Hrsg.), Kulturunterschiede. Interdisziplinäre Konzepte zu kollektiven Identitäten und Mentalitäten (S. 109–120). Frankfurt am Main.

Thomas, A. (Hrsg.). (2003): Kulturvergleichende Psychologie. (2.Aufl.) Göttingen: Hogrefe.

Thomas, A. (2006): Die Bedeutung von Vorurteil und Stereotyp im interkulturellen Handeln. Interculture Journal, 5(2), 3–20.

Thomas, A. (2008): Was will der deutsche Chef eigentlich? Interkulturelles Verstehen und Vertrauen. Wirtschaftspsychologie aktuell, 15(1), 32–34.

Thomas A. (2011a): Interkulturelle Handlungskompetenz. Versiert, angemessen und erfolgreich im internationalen Geschäft, Wiesbaden.

Thomas, A. (2011b): Das Kulturstandardkonzept. In W. Dreyer & U. Hößler (Hrsg.), Perspektiven interkultureller Kompetenz (S. 97–124). Göttingen.

Thomas, A. (2014a): Wie Fremdes vertraut werden kann. Mit internationalen Geschäftspartnern zusammenarbeiten, Wiesbaden.

Thomas, A. (2014b): Mitarbeiterführung in interkulturellen Arbeitsgruppen. In Lutz von Rosenstiel, Erika Regnet & M. E. Domsch (Hrsg.), Führung von Mitarbeitern. Handbuch für erfolgreiches Personalmanagement (7., überarb. Aufl.) (S. 460–477). Stuttgart.

Thomas, A. & Utler, A. (2013): Kultur, Kulturdimensionen und Kulturstandards. In P. Genkova, T. Ringeisen & F. T. L. Leong (Hrsg.), Handbuch Stress und Kultur. Interkulturelle und kulturvergleichende Perspektiven (S. 41–58). Wiesbaden.

Thomas, A., Kinast, E.-U. & Schroll-Machl, S. (2006): Entwicklung interkultureller Handlungskompetenz von international tätigen Fach- und Führungskräften durch interkulturelle Trainings. In K. Götz (Hrsg.), Interkulturelles Lernen/Interkulturelles Training (S. 91–114). München.

Kultursensible Werkzeuge erkennen, anpassen und einsetzen

3

3.1 Deutsche und amerikanische Blickwinkel: Erwartungen an Experten, Projektleiter und Führungskräfte

Ist es Ihnen beim Lesen aufgefallen? Drei Themen habe ich bis zu diesem Punkt nicht behandelt, die für das Verständnis der USA ebenfalls wichtig sind. Im nächsten Abschnitt finden Sie Praxistipps zu:

- Amerikanischer Patriotismus
- Bedeutung der Religion in den USA
- Political Correctness

Praxistipp zum Amerikanischen Patriotismus

Es ist vermutlich keine Neuigkeit für Sie, dass man in den USA einen ausgeprägten Patriotismus pflegt. Allein die allgegenwärtige amerikanische Flagge auch in zivilen, unpolitischen Kontexten ist dafür ein augenscheinlicher Beweis.

Für den gelungenen beruflichen Umgang ist es wichtig, dass Sie Ihr Interesse an den USA ausdrücken. Bitte tun Sie dies aber nicht durch die kritisch-reflexive Diskussion sensibler Themen wie Todesstrafe in den USA, freier Waffenbesitz, Rassenfragen, Abtreibungsrecht oder Kriminalität. Amerikaner fühlen sich schnell verletzt, wenn von Outsidern Statements über das Land erfolgen – selbst wenn diese faktisch zutreffend sind. Hier kochen die Gemüter viel schneller hoch, als wir das in Deutschland gewohnt sind. Die Konsequenz: Ihre Akzeptanz bei Ihren US-Partnern könnte unbeabsichtigt leide, ohne dass man Ihnen das explizit mitteilt und Sie zu den Punkten noch einmal Stellung nehmen können.

Falls Sie sich für politische Themen interessieren, ist es besser, Fragen zu stellen und aufmerksam zuzuhören. So lernen Sie den Standpunkt Ihrer Gesprächspartner kennen und können sich in Ihren Aussagen entsprechend darauf ausrichten. Hilfreich finde ich auch die Erklärung im Gespräch mit Amerikanern, dass Sie nur über die deutschen Medien über die USA informiert sind und sich jetzt vor Ort eine Meinung bilden möchten. So wirken Sie nicht desinteressiert an Land und Leuten, vermeiden jedoch rasch auftretende, überflüssige Missstimmungen.

Kritisch reflexive Bemerkungen über Deutschland à la „Dieser Punkt funktioniert gut, jener ist bei uns noch verbesserungswürdig" sind ebenfalls nicht hilfreich. Man erwartet eher einen beherzten Schritt in Richtung patriotische Identifikation mit Ihrem Heimatland von Ihnen. Differenzierte Bemerkungen über Ihre Meinung zu Deutschland kann man in den USA schlecht einschätzen. Im Zweifelsfall wirken solche Aussagen eher als „Nestbeschmutzung" denn als intelligente Darstellung. Häufig habe ich auch schon Bedenken von Amerikanern gehört, wie: „Wenn die Person schon so über das eigene Land spricht, dann möchte ich gar nicht erst nicht wissen, was sie/er über die USA denkt."

Praxistipp zur Rolle der Religion

Die größte Religionsgemeinschaft in den USA sind die Protestanten mit rund 43 Prozent, gefolgt von 25 Prozent freien Religiösen ohne spezielle Ausprägung und circa 20 Prozent Katholiken.[1]

48 Prozent der Amerikaner geben an, täglich zu beten.[2] An dieser Zahl sehen Sie, dass Religion und Frömmigkeit wichtige Faktoren im sozialen Leben der Amerikaner sind. Auch in den Medien durch zahlreiche kirchliche TV-Kanäle – und sogar auf Schildern bei Straßenkreuzungen (mit Hinweisen wie „Ihr Weg zu Gott beginnt hier") – ist die Religion präsent.[3]

Die Kirche in den USA ist lebensnah. Das jeweilige Gemeindehaus in Ihrem Stadtviertel ist der ideale Ort, um sich neben spiritueller Führung auch beispielsweise Ratschläge zur gesunden Ernährung abzuholen oder eine Bohrmaschine auszuleihen. Für Amerikaner ist die Kirche zudem auch eine Begegnungsstätte, die verspricht, gleichgesinnte, „decent people", zu treffen.

Häufig bieten amerikanische Kollegen Ihnen deshalb an, eine passende Kirche für Sie zu suchen – egal, ob Sie kurz zu Gast oder für eine längere Entsendung im Land sind. Reagieren Sie auf diese Angebote bitte verbal erfreut. Natürlich müssen

---

[1] www.statista.com/statistik/daten/studie/166855/umfrage/religionen-in-den-usa, Abruf vom 29.07.2019.

[2] www.jesus.ch. Zugegriffen am 04.08.2019.

[3] Käßman, M. (2011).

Sie die Idee nicht in die Tat umsetzen. Falls Sie nicht interessiert sind, lassen Sie das Thema einfach versickern mit Blick auf Ihre zahlreichen Verpflichtungen. Ein Hinweis à la „Ich bin nicht religiös" verwirrt die meisten Amerikaner. Man hat das Gefühl, dass Sie auf das erprobte und geschätzte soziale Leben in den USA keinen Wert legen. Man traut Ihnen dann schnell einen sonderbaren, nicht einschätzbaren, Lebensstil zu. In dieser Situation leidet Ihre Akzeptanz vermutlich.

Häufig passiert es, dass man Ihnen als Gast beim Mittag- oder Abendessen die Ehre anbietet, das Tischgebet zu sprechen. Viele Deutsche fühlen sich davon überfordert und lehnen mehr oder weniger brüsk ab. Auch von dieser Reaktion rate ich ab, unabhängig davon, wie stark Ihre religiöse Bindung ist oder Sie sich vielleicht von der Situation überrumpelt fühlen. Man erwartet von Ihnen kein perfektes Gebet. Ein kurzer Satz für die Runde genügt, der Ihre Wertschätzung für die Situation zum Ausdruck bringt. Nehmen Sie die Aufforderung nicht an, wirken Sie auf Amerikaner nicht nur kauzig und sozial wenig gewandt, sondern auch unhöflich.

Praxistipp zur Political Correctness (PC)

Der Begriff wird in den USA seit den 80er-Jahren für eine Sprach- und Gesellschaftskritik genutzt, um Minderheitenproblemen im Einwanderungsland USA besser zu begegnen. Im Mittelpunkt steht es, dass Sprache und Verhalten nicht dazu genutzt werden, bestimmte Gruppen in der Gesellschaft zu benachteiligen. In den USA stehen die Aspekte Gender und Rasse im Mittelpunkt.[4]

Für Ihren gelungenen Auftritt bedeutet das, dass Sie bitte im beruflichen Kontext jeden Bezug auf persönliche Merkmale von Kollegen, Mitarbeitern oder Führungskräften vermeiden.

Im Mittelpunkt eines professionellen Gespräches in den USA steht die Funktion einer Person im Unternehmen bzw. deren Leistung. Hinweise à la „Die sympathische Blondine im Büro rechts" oder der „Humorvolle Afroamerikaner in unserer Buchhaltung" gelten mittlerweile als Tabubruch und rufen Verwunderung oder sogar Entrüstung bei Betroffenen wie Beobachtern hervor. Dabei spielt es keine Rolle, ob diese Aussagen merklich im ernsthaften Ton oder als Scherz vorgebracht werden. Sie sind schlicht unerwünscht, egal in welchem Kontext.[5]

---

[4] Bloom, A. (1988).

[5] Sollten Sie sich fragen, wie die zahlreichen politisch nicht korrekten Äußerungen von Donald Trump, dem 45. amerikanischen Präsidenten seit Januar 2017, über Frauen, Rassen und Behinderte in diesem Zusammenhang einzuschätzen sind, verweise ich auf das Forschungsgebiet „Bewusster Tabubruch" zur Sicherung der Berichterstattung in den Medien, Müller, S. (2003).

In den sechs Praxisfällen leisten bekannte Strategien und Tools der Kommunikation, Führung und Zusammenarbeit (auch) im Kontext der Zusammenarbeit mit den USA einen unersetzlichen Betrag. Der Schwerpunkt der Problemlösung lag in der planvollen Organisation der Kooperation und einer Vielzahl vertrauensbildender Maßnahmen.

Im nächsten Abschnitt stelle ich die Anwendung der Werkzeuge aus den Praxisfällen vor.

3.2   Werkzeugkasten für die erfolgreiche Zusammenarbeit mit den USA

Sie haben beim Durcharbeiten der Fallbeispiele verschiedene Hilfsmittel kennen- gelernt. In diesem Kapitel biete ich Ihnen eine kommentierte Zusammenfassung an.

Damit Sie sich einfach orientieren können, habe ich das Kapitel chronologisch nach den Praxisfällen geordnet, die Sie in Kap. 2 kennengelernt haben:

- Zuverlässig kooperieren
- Teamgeist schaffen
- Feedback-Kultur gestalten
- Lob und Kritik formulieren
- Kleine Schritte gehen
- Den perfekten Auftritt hinlegen
- Unter dem Stichwort „Zur kurzen Erinnerung" finden Sie einen Überblick über die Aufgabenstellung im Praxisfall.
- Lernen an Beispielen steht für mich im Mittelpunkt. Ich bespreche die Werkzeuge mit Bezug auf das Fallbeispiel. Mein Anspruch ist folglich nicht die wissenschaftliche Reflexion oder ein theoretischer Methodenvergleich. Mein Vorgehen erleichtert es Ihnen, möglichst viele Informationen auf die Herausforderungen Ihres Alltags zu übertragen und mit dem geeigneten Hilfsmittel zu reagieren. So unterstützt, können Sie sich ohne großen Zeiteinsatz die Anpassung des Instruments an Ihre Aufgabenstellung zutrauen.
- Ich stelle Ihnen vor, wie und warum die Protagonisten die Hilfsmittel im Fall konzipiert oder an die spezifischen Anforderungen angepasst haben. Mein Augenmerk liegt darauf, Ihnen den Praxisnutzen vorzustellen. Deshalb gliedere ich meinen Kommentar in drei Kategorien:
  - – Zielsetzung und Anwendung
  - – Nutzen
  - – Beschreibung
- Schnell- oder Querleser unterstütze ich gerne: Die Leserführung in Kap. 1 hilft Ihnen zusätzlich beim schnellen Erfassen der Inhalte.

Ein Werkzeug für alle Praxisfälle

Vielleicht haben Sie es beim Durcharbeiten der Praxisfälle bemerkt: In allen Praxisbeispielen biete ich Ihnen den Arbeitsbogen „Kulturnavigator" an. Sie sind eingeladen, Ihre Eindrücke vom Praxisfall zusammenfassen, mit eigenen Erfahrungen zu vergleichen und Empfehlungen abzugeben. Die Reflexion mit dem Arbeitsbogen unterstützt Ihr Verständnis für die Themenstellung.

Kulturnavigator

1) Wie schätzen Sie die Bedürfnisse des Protagonisten ein?
....
....
....

2) Wie beurteilen Sie das Vorgehen von Paul Müller und seinem Team?
....
....
....

3) Welche Veränderungen in der Zusammenarbeit schlagen Sie vor?
....
....
....

Zielsetzung und Anwendung

Der Arbeitsbogen fordert Sie auf, alle erhaltenen Informationen zur Situation und den Hausforderungen im interkulturellen Kontakt zusammenzufassen und zu durchdenken. Sie erhalten die Gelegenheit, Vergleiche mit eigenen Erlebnissen anzustellen.

Nutzen

Die offenen Fragen geben Ihnen den Raum, Ihr Praxiswissen und die neuen Eindrücke zu verbinden. Anschließend vergleichen Sie Ihre Einschätzung mit den folgenden Schritten im Praxisfall. Dieser Vergleich schafft die Grundlage für den gelungenen Transfer in den Alltag.

Beschreibung

Mit drei Reflexionsfragen setzen Sie persönliche Schwerpunkte für Ihre weitere Arbeit in den Praxiskapiteln. Sie halten Ihre Gedanken zum Praxisfall fest und sind sensibilisiert für Ihre Lernfortschritte. Die Notizen tragen Sie unkompliziert in die Antwortboxen ein.

3.2.1   Praxisfall: Zuverlässig kooperieren

Fokusthema: Kontaktverhalten in den USA und Deutschland vergleichen

Zur kurzen Erinnerung

Jonas Bauer ist der Vertriebsleiter von „Traditionsbewusst" in Deutschland. Künftig setzt das Unternehmen auf die engere Betreuung wichtiger Kunden durch die Vertriebe in den USA und Deutschland. Jonas Bauer und seinem US-Kollegen Toni Brewster gelingt es nicht, die beiden Teams nachhaltig für die Zusammenarbeit zu begeistern. Jonas Bauer merkt, dass sein Team unzufrieden ist mit dem Verhalten der US-Kollegen. Er nutzt die Systematik „Fortschritt durch Früchte", um die aktuellen Schwierigkeiten mit dem US-Team zu verstehen und zu lösen:

a)   Pfirsich- und Kokosnusskulturen
b)   Anwendung des Modells im konkreten Fall

Zielsetzung und Anwendung

Die Systematik unterstützt Sie dabei, die Unterschiede und Gemeinsamkeiten im Verhalten von Amerikanern und Deutschen in der ersten Phase des Kennenlernens zu strukturieren.

Nutzen

Es gelingt Ihnen mit der Systematik, die Kontaktmuster beider Kulturen zu verstehen und die Erwartungen gezielt zu erfüllen bzw. Enttäuschungen zu vermeiden. So bauen deutsch-amerikanische Teams schneller gegenseitiges Vertrauen auf und die Zusammenarbeit kommt schneller in Gang.

Beschreibung

Die Systematik ist in zwei Stufen untergliedert: a) die Darstellung des Kontaktverhaltens in Deutschland und den USA und b) die Anwendung dieses Wissens im konkreten Praxisfall. Die Systematik unterstützt Führungskräfte und Experten dabei, die ungeschriebenen Regeln beim Kennenlernen von Menschen explizit zu machen. Sie verstehen besser, welches Verhalten in den USA als höflich, kommunikativ und kompetent eingeschätzt wird. Gleichzeitig hilft Ihnen die Systematik dabei, Ihr eigenes Verhalten mit „amerikanischen Augen" zu betrachten und einzuschätzen

Interkultureller Workshop

Zielsetzung und Anwendung

Der Workshop soll den deutschen Kollegen dabei helfen, die erheblichen Unterschiede zwischen der deutschen und der amerikanischen Arbeitskultur besser zu verstehen. Im Mittelpunkt stehen neben dem Wissenserwerb die Reflexion und Neubewertung der gemachten Erfahrungen in der bisherigen Zusammenarbeit.

Nutzen

Der Workshop bringt neben dem Lernen von Kulturwissen über die deutsch-amerikanische Wirtschaftskommunikation eine starke emotionale Entlastung für die deutschen Mitarbeiter. Sie verstehen besser, welche Erwartungen an die Zusammenarbeit „typisch deutsch" oder „typisch amerikanisch" sind. Alternative Handlungsoptionen werden vorgestellt und gemeinsam eingeschätzt. Die aktuellen Vertrauensprobleme werden durch die intensive Reflexion und Bewertung der Praxisfälle aus der gemeinsamen Arbeit gemildert oder sogar beseitigt.

Beschreibung

Der Workshop dauert zwei Tage. Er vermittelt einerseits Basiswissen über amerikanische Kommunikations- und Informationsstrukturen. Andererseits hilft er dem deutschen Team dabei, das bisher gezeigte Verhalten beider Seiten zu reflektieren und die Wirkung auf die jeweils andere Seite nachzuvollziehen. Der Workshop wird nur dem deutschen Team angeboten, was gängige Praxis ist. Das legt nahe, dass man Verhaltensveränderungen von der deutschen Seite erwartet, um die Zusammenarbeit in Gang zu bringen. Meist geht es aber mehr darum, das Hintergrundwissen zu nutzen, um wieder ins Gespräch zu kommen. So erlebt es auch das Team im Unternehmen „Traditionsbewusst" und fühlt sich nicht unter Druck gesetzt. Im Praxisfall äußert sich der amerikanische Abteilungsleiter skeptisch über die Sinnhaftigkeit des interkulturellen Trainings. Das ist eine typisch amerikanische Auffassung. In den USA vertritt man die Auffassung, dass – durch den Individualismus – Kultur eine untergeordnete Rolle im Verhalten eines Menschens spielt. Man hält den Faktor „Persönlichkeit" für entscheidender. Ein gemeinsamer Workshop mit den deutschen und den US-Kollegen – der besonders sinnvoll gewesen wäre – kommt aus diesem Grund nicht in Frage. Natürlich spielen für die Unternehmen auch Kostengründe eine große Rolle.

Virtueller Kick-off-Workshop

Zielsetzung und Anwendung

Zielsetzung im Praxisfall ist es, die menschliche Basis für die sachliche Zusammenarbeit zu schaffen sowie ein gemeinsames Ziel zu definieren und zu verfolgen. Fachinformationen und gemeinsamer Spaß halten sich die Waage.

Nutzen

Das gemeinsame Ziel rückt für beide Teams in den Mittelpunkt der Betrachtung. Sorgen über den Projektverlauf oder persönliche Befindlichkeiten zur Zusammenarbeit treten wieder in den Hintergrund. Durch den virtuellen Workshop baut sich ein gemeinsames Momentum auf.

Der Workshop dauert zwei Stunden und wird in speziellen Videokonferenzräumen in beiden Ländern abgehalten. Die gute Bild- und Tonqualität ist von entscheidender Bedeutung. Im Praxisfall ist der deutsche Abteilungsleiter zu Gast in den USA und nimmt dort an der Videokonferenz teil. Das ist geschickt, um die Wirkung der deutschen Beiträge auf die US-Kollegen einschätzen zu lernen. Der Ablauf besteht aus fünf Teilen:

- Spielerische Vorstellrunde
- Strategievortrag beider Manager mit Live-Visualisierung an Flipcharts zum Nutzen des Projekts
- Diskussion zu den Vorträgen oder zu allen offenen Fragen
- Vorstellung eines gemeinsamen Laufwerks
- Feedback

Die Gesprächspartner lernen sich kennen und verstehen, was für den jeweils anderen relevant ist in der Zusammenarbeit. Wichtig ist, dass die Vorträge im Vergleich zur sich anschließenden Diskussion kurz sind. Der Schwerpunkt liegt auf dem gemeinsamen Gespräch und der Möglichkeit, zum virtuellen Workshop Feedback zu geben. Er dient hier als Stellvertreter für die bisherige Zusammenarbeit.

3.2.2 Teamgeist schaffen

Fokusthema: Positive Gruppendynamik gestalten

Die Zusammenarbeit zwischen den Marketingteams in den USA und Deutschland im Unternehmen „Weitblick" läuft gut. Gelegentlich wirkt das Verhalten der deutschen Kollegen auf die Amerikaner irritierend, ohne dass eine Regel erkannt werden kann. Das schafft ungewollt Distanz. Daniela Sauter möchte den Zusammenhalt zwischen dem deutschen und dem amerikanischen Team jedoch noch weiter fördern. Sie nutzt die Systematik „Direktheits-Filter einschalten", um die kleinen Irritationen auf der amerikanischen Seite zu vermeiden. Diese Instrumente kommen zum Einsatz:

a) Kommunikationsverhalten in einem deutschen Team
b) Vergleich mit dem US-amerikanischen Gesprächsverhalten

Die Systematik stellt Ihnen das Konzept der „Kulturstandards" vor. Sie vergleichen die deutschen Besonderheiten in der Arbeitskultur mit denen der Amerikaner. Sie lernen, „Brücken zu bauen", damit die Zusammenarbeit trotz aller Unterschiede erfolgreich verläuft.

Nutzen

Sie lernen, wodurch sich die deutsche Arbeitskultur auszeichnet. Sie werden sensibler für die Anforderungen im interkulturellen Kontext, weil Sie Ihr Verhalten in Bezug auf die Theorie reflektieren. So gelingt es Ihnen, auch die Kulturstandards der USA besser zu verstehen und diese – auf Wunsch – in Ihrem Verhalten zielgerichtet zu berücksichtigen.

Beschreibung

Die Systematik ist in zwei Aspekte untergliedert: Sie liefert den Blick auf die deutsche und die amerikanische Kultur. Das Lernen fällt durch den Vergleich leicht. Diese Punkte werden behandelt:

- Direkte bzw. indirekte Kommunikation
- Sachorientierung versus Personenorientierung
- Problemorientierte Gesprächsatmosphäre versus optimistische Gesprächsatmosphäre mit dem Wunsch nach Harmonie
- Umgang mit Sprecherwechsel in Gesprächen

Trefferliste „Ja, aber .../Yes, but ...“

Zielsetzung und Anwendung

Die Liste dient dazu zu erfassen, wie häufig die bei den Deutschen geläufige Formulierung „Ja, aber ...“ bzw. „Yes, but ...“ in der Zusammenarbeit zum Einsatz kommt. Diese Sensibilisierungsübung ist ein Etappenziel. Es besteht der Wunsch, diese Formulierung künftig seltener einzusetzen.

Nutzen

Die Entgegnung „Yes, but ...“ wirkt für amerikanische Ohren zumindest unhöflich oder sogar wie eine kritische Zurückweisung. Vermeiden die deutschen Teammitglieder diesen Fauxpas künftig, wirkt ihre Gesprächshaltung auf die amerikanischen Kollegen offener, positiver und im Ganzen konstruktiver.

Beschreibung

Die Trefferliste funktioniert wie eine Strichliste und führt alle Teammitglieder in beiden Ländern auf. Sie wird für alle Mitarbeiter in den USA und Deutschland auf dem gemeinsamen Laufwerk verwaltet. Alle Teammitglieder achten künftig bei den bikulturellen Meetings auf die eigenen Formulierungen und auf die Aussprüche der anwesenden Kollegen. Jedes „Ja, aber ...“ bzw. „Yes, but ...“ wird von der/dem Verantwortlichen des Tages auf der Trefferliste vermerkt. Um dem Auflisten einen spielerisch-sportlichen Charakter zu verleihen, spricht das Team im Praxisfall von „Match“, das jeweils bis zu 20 Treffern gespielt wird. Danach beginnt wieder ein neues Match. Die Kollegin oder der Kollege mit dem niedrigsten Wert bei Match-Ende erhält einen Preis. Man geht davon aus, dass die deutschen Kollegen in den ersten Phasen verlieren werden. Dafür gewinnen alle eine positive Gesprächsatmosphäre.

Optimismus-Barometer

Die Arbeitshaltung im Team wird von den amerikanischen Kollegen als pessimistisch erlebt. Das Optimismus-Barometer unterstützt das deutsch-amerikanische Team im Praxisfall dabei, kurze und mündliche Feedbackrunden nach jeder Video- oder Telekonferenz durchzuführen. Das Optimismus-Barometer wird dabei als Bildsprache in drei Stufen eingesetzt.

Durch den Bezug auf die Wetter-Metaphern fällt es den Teilnehmern leichter, schnell und unkompliziert ihre Meinung auszudrücken. Zudem ist die Abfrage so zeitökonomisch, da statt eines längeren Wortbeitrages „nur" eines der drei Wetterphänomene genannt wird. Das entlastet die Teilnehmer in Bezug auf das Zeitmanagement. Zudem kann die Zufriedenheit mit der Arbeitshaltung (optimistisch versus pessimistisch) sozial verträglich ausgedrückt und – dies ist der Hauptnutzen – bei Handlungsbedarf von der Runde bearbeitet werden.

Die drei Metaphern „Sonne, Wolken oder Gewitter" stehen für „1) Optimismus und Motivation in der Gesprächsrunde, 2) kurzes Stimmungstief bzw. 3) Pessimismus und schlechte Stimmung im Team während des Meetings". Die drei Abbildungen entsprechen einer Dreier-Skalierung, die statt einer vielleicht wortreichen Erklärung zum Einsatz kommt. Das Instrument dient als Bildsprache der Visualisierung und Clusterung der Zufriedenheit mit den Video- oder Telefonkonferenzen. Man möchte speziell den amerikanischen Kollegen (aufgrund der schlechten Zufriedenheitswerte bei der Befragung) die Chance geben, die Arbeitsatmosphäre unkompliziert zu bewerten – und somit mitzugestalten. Der Vorteil regelmäßiger Feedbackrunden mit offener Rückkopplung zur Arbeitszufriedenheit liegt auf der Hand. Das Instrument wird zur Steuerung eingesetzt, sein Mehrwert liegt in der stringenten Anwendung.

Kommunikationstreiber

Der Kommunikationstreiber ist ein Instrument, um in jeder Video- oder Telefonkonferenz einen Moderator mit spezifischen Themen, die für die interkulturelle Gruppendynamik förderlich sind, zu bestimmen. Die Aufgabe sieht vor, dass ungenaue Aussagen oder möglicherweise unklare Höflichkeitsfloskeln angesprochen und präzisiert werden.

Im Praxisfall sprechen die Deutschen auf Englisch mit den amerikanischen Kollegen. Die deutsche Seite erhält durch den Kommunikationstreiber Unterstützung dabei, indirekte, idiomatische Äußerungen leichter in ihrer „tatsächlich angestrebten Bedeutung" zu verstehen. Das stärkt das gegenseitige Vertrauen, weil die andauernden Missverständnisse abnehmen. Zudem steigert sich im gesamten Team das Bewusstsein für das Medium „Sprache" und man kommuniziert achtsamer. Auch die Englischkenntnisse der deutschen Sprecher entwickeln sich vermutlich weiter.

Beschreibung

Bei jedem Kontakt zwischen den Teams wird zu Beginn des Meetings eine Person als „Communication Driver" bestimmt. Es bietet sich an, dass es die gleiche Person ist wie die/der Verantwortliche für die „Ja, aber ...-Trefferliste". Die Aufgabe besteht darin, gezielt auf sprachliche Formulierungen zu reagieren, die für die deutschen Kollegen unklar wirken. Der Communication Driver muss diese identifizieren und die Gruppe um Feedback zur Verständlichkeit bitten. Die englischsprachigen Wendungen werden bei Bedarf sofort im Meeting gemeinsam von der Gruppe geklärt. Das Instrument beansprucht einen Teil der Meeting-Zeit. Es sorgt jedoch 1) bei den englischen Muttersprachlern für noch mehr Wertschätzung für die Anstrengungen der deutschen Partner und 2) es leistet einen Beitrag, enttäuschte Erwartungen durch ein nicht synchronisiertes Verständnis vom Sachverhalt zu vermeiden.

3.2.3 Feedback-Kultur gestalten

Fokusthema: Entscheidungskompetenzen in den USA und Deutschland beleuchten

Zur kurzen Erinnerung

Paula Sprenger ist eine erfahrene Führungskraft. Sie ist auf einer Dienstreise in den USA, um mit den Kollegen den Aufbau einer gemeinsamen Kundendatenbank zu besprechen. Vor Ort ist sie vom Führungsverhalten der Abteilungsleiterin Joy Harper überrascht, denn das Arbeitsmodell in ihrer Abteilung erscheint Frau Sprenger ineffizient. Die amerikanische Kollegin gilt jedoch im Unternehmen als hervorragende Führungskraft, deshalb möchte Paula Sprenger die Situation noch besser verstehen. Sie vermutet einen Kulturunterschied. Paula Sprenger arbeitet mit der Systematik „Verantwortungsanzeiger" und prüft diese Punkte:

a) Aufmerksamkeitsratio am Arbeitsplatz
b) Motivation erhalten und fördern

Zielsetzung und Anwendung

Die Systematik unterstützt Sie dabei zu verstehen, wie die Verantwortlichkeiten in der Abteilung der US-Kollegen verteilt sind. Paula Sprenger im Praxisfall klärt damit, was die Mitarbeiter von der Führungskraft erwarten und vice versa. Die Klärungs- und Analysefragen liefern Ihnen Hilfestellungen, um das Zusammenarbeitsmodell in den Teams in den USA zu verstehen und mit der deutschen Arbeitsweise zu vergleichen.

Nutzen

Sie lernen, wie die Berichts- und Informationsprozesse in amerikanischen Teams organisiert sind. Das steigert Ihren Erfolg in der Zusammenarbeit, weil Sie Ihre Ziele durch punktgenaue Maßnahmen bei den richtigen Ansprechpartnern ansteuern.

Beschreibung

Die Systematik beleuchtet zwei Aspekte in der Zusammenarbeit von Führungskraft und Team: Aufmerksamkeitsratio und Motivation. Paula Sprenger klärt damit, wie viel Interaktion zwischen Führungskraft und Team in den USA erwartet wird. Sie versteht, welche Themen wie intensiv abgestimmt werden müssen. Das Rollenprofil von Führungskraft und Mitarbeiter(n) im Zusammenspiel wird mit den Reflexionsfragen und Beobachtungsanleitungen bearbeitet. So wird für Paula Sprenger das Arbeitsmodell schrittweise verständlicher. Die Qualitätskriterien – was man unter einem motivierten Mitarbeiter versteht – und – welches Verhalten man sich von einer erfolgreichen Führungskraft erwartet – werden greif- und anwendbar für den Beobachter.

USA-Transformator

Zielsetzung und Anwendung

Paula Sprenger wünscht sich in den USA Erfolg für ihr Projekt (gemeinsames Customer Relationship Management) und ihre Person. Sie möchte sich nicht verbiegen, jedoch ihr Verhalten zu den für ihre Akzeptanz entscheidenden Aspekten auf die amerikanischen Erwartungen ausrichten. Der USA-Transformator hilft beim Ist-Soll-Vergleich.

Nutzen

Der Vorteil des USA-Transformators ist die zielgerichtete Persönlichkeitsentwicklung zu ausgewählten Themen. Karriereentscheidende Handlungsmuster werden mit dem Instrument operationalisiert, die aktuelle Performance wird eingeschätzt und auf Wunsch kultursensibel angepasst.

Beschreibung

Der USA-Transformator befasst sich mit zwei Aspekten:

a) Rollenerwartungen an Frau Sprenger als Mitglied des Managements in den USA
b) Kooperationserwartungen der amerikanischen Mitarbeiter respektieren
c) Entscheidungsvolumen identifizieren

Jeder Aspekt ist in jeweils drei sogenannte „Handlungsfelder" weiter unterteilt: zu a) Flexibilität zeigen, stark auftreten, souverän Kontakte knüpfen, zu b) Verantwortung übernehmen, motivierend führen, detailorientiert anleiten und zu c) Rollenauskleidung bzw. Selbstverständnis von Experten und Führungskräften in den USA. In jedem Handlungsfeld wird das bisherige Verhalten der Protagonistin von ihr auf einer Skala von 0 bis 10 bewertet. Dem wird die nötige – kultursensible – Verhaltensadaption gegenübergestellt. Die Protagonistin nutzt diesen „Soll-Stand" zur Orientierung. Auf dieser Grundlage plant sie die für sie akzeptable, punktgenaue Verhaltensveränderung ohne Verlust ihrer Authentizität.

3.2.4 Lob und Kritik formulieren

Fokusthema: Mitarbeitergespräche erfolgreich führen

Zur kurzen Erinnerung

Petra Maier ist eine erfahrene Führungskraft, die seit Kurzem ein US-Team leitet. Bei einem Routinegespräch mit einem ihrer Mitarbeiter belastet sie ungewollt die Beziehungsebene. Sie äußert die Kritik ungefiltert und verprellt ihren Experten so sehr, dass er am Ende des Gesprächs nur noch schweigt. Seine Motivation ist sichtbar gesunken. Petra Maier arbeitet mit dem „Führungskompass", um die Situation mental einzuordnen und im Alltag durch das passende Verhalten wieder in den Griff zu bekommen.

Zielsetzung und Anwendung

Die Systematik unterstützt Sie dabei, die Bedürfnisse amerikanischer Mitarbeiter in Feedback-Gesprächen zu erkennen und mit ihrem aktuellen Verhalten zu vergleichen. Die Klärungs- und Analysefragen liefern Ihnen Hilfestellungen, um „blinde Flecken" – im Praxisfall verursacht durch eine Stresssituation bei Petra Maier – Ihrer Wahrnehmung zu identifizieren und mit Ihrer Außenwirkung zu vergleichen.

Nutzen

Sie lernen Ihre Selbst- und Fremdwahrnehmung noch besser kennen. Das steigert Ihren Erfolg bei amerikanischen Mitarbeitern und Gesprächspartnern. Der Hauptnutzen besteht darin, punktgenau konstruktive Kritik vorbringen zu können, ohne die Motivation der Mitarbeiter zu beschädigen.

Beschreibung

Die Systematik funktioniert wie ein „roter Faden" und leitet Sie an, jede Phase des Kritikgesprächs zwischen Petra Maier und ihrem Mitarbeiter Jim zu analysieren sowie kultursensibel zu bewerten. Die Systematik unterstützt auch erfahrene Führungskräfte dabei, die Führungs- und Kommunikationsziele in der Zusammenarbeit mit amerikanischen Mitarbeitern – hier in einem spontanen Statusgespräch – in jeder Gesprächsphase im Blick zu behalten. Sowohl der Blickwinkel von Petra Maier als auch der ihres amerikanischen Mitarbeiters wird in die Betrachtung aufgenommen.

Sandwich-Technik

Das Instrument ist bereits ein Klassiker in der Gesprächsführung. Mit seinem modularen Aufbau ist die Sandwich-Technik für die Vorbereitung von Mitarbeitergesprächen der ideale Leitfaden. So vermeiden Sie es, den deutschen Gesprächsaufbau fälschlicherweise intuitiv auf die USA übertragen.

Nutzen

Petra Maier hat ihren Mitarbeiter in einem unvorbereiteten Personalgespräch gekränkt und demotiviert. Die Sandwich-Technik hilft ihr dabei, das geführte Gespräch in seinen Stärken und Schwächen nachzuvollziehen. Zusätzlich unterstützt das Instrument sie dabei, weitere Kritikgespräche pragmatisch vorzubereiten.

Beschreibung

Die Sandwich-Technik ist eine Gesprächssystematik, die aus vier Teilen besteht:

- Einleitende Frage an den Mitarbeiter zu seiner Sicht auf das Thema
- Lob/Anerkennung des Mitarbeiters zu seinen gezeigten Leistungen
- Kritikpunkt
- Ermutigung und Ausdruck des Vertrauens in Bezug auf die weitere Zusammenarbeit

Die Grafik im Praxisfall wird ergänzt durch eine Tabelle, die ausführlich die Gesprächsinhalte pro Gesprächsphase vorstellt. Der folgende Praxistipp legt die ideale Zeiteinteilung vor. Der Kritikpunkt soll nur im Verhältnis 1:10 zur Gesamtgesprächszeit berücksichtigt werden. Die Sandwich-Technik unterstützt deutsche Sprecher dabei, den Fokus von der Problemanalyse auf die Lösungsentwicklung zu verschieben.

3.2.5 Kleine Schritte gehen

Fokusthema: Qualitätsprobleme im Team lösen

Zur kurzen Erinnerung

Patrick Hauser leitet in den USA seit Kurzem ein US-amerikanisches Team von IT-Spezialisten im Unternehmen „Innovation". Er ist unzufrieden mit der Qualität der Arbeitsergebnisse des wichtigsten Projekts, trotzdem bietet er seinen Mitarbeitern lieber Freiräume als enge fachliche Anleitung. Herr Hauser ist verwundert, als er merkt, dass sein Team auf sein Führungsverhalten nicht positiv, z. B. mit erhöhter Motivation, reagiert. Als er in einem Teammeeting die unstrukturierten Analysen in der Fehlerbeseitigung besprechen will, kippt die Stimmung im Team endgültig. Seine Mitarbeiter sind merklich unzufrieden, reagieren jedoch mit Rückzug statt einer offenen Diskussion. Patrick Hauser nutzt die Systematik „Wegbereiter", um die Situation zu erfassen. Er strebt eine Verbesserung der Zusammenarbeit, aber auch des Qualitätsstandards des Teams an.

Zielsetzung und Anwendung

Die Systematik „Wegbereiter" unterstützt Sie dabei, die Bedürfnisse der amerikanischen Mitarbeiter in Bezug auf das Spannungsfeld zwischen motivierendem Freiraum und enger Anleitung bei herausfordernden Arbeitsaufgaben einschätzen zu lernen. Sie verstehen, welche Fehler Patrick Hauser im Praxisfall macht, und erfahren, wie man diese „Fettnäpfchen" bearbeitet – und vor allem vermeidet:

a)   Anleitung im Projekt
b)   Fehleranalyse im Teammeeting

Nutzen

Sie lernen, welche Dos and Don'ts eine Führungskraft in der Projektsteuerung in den USA berücksichtigen muss, um für das Team eine positive Arbeitsatmosphäre zu schaffen. Sie steigern Ihre Akzeptanz als Führungskraft und die Leistungskraft Ihres Teams.

Beschreibung

Die Systematik beleuchtet zwei Aspekte:

a)   Anleitung im Projekt
b)   Fehleranalyse im Teammeeting

Im Praxisfall nutzt der Protagonist seinen Mentor Dylan, einen erfahrenen Manager, als Feedbackgeber und Gesprächspartner. Dylan macht Patrick Hauser darauf aufmerksam, dass er als Führungskraft die Aufgabe hat, den Arbeitsprozess des Teams zu managen. Dies verlangt von ihm, dass er jeden Mitarbeiter im Team angemessen unterstützt, statt das Team mit dem „Angebot" der Selbstorganisation zu überfordern. Um die Qualität der Arbeitsergebnisse zu verbessern, sind Kenntnisse des operativen Ablaufs in der Abteilung wichtig und eine motivierende Projektsteuerung. Hierzu muss Patrick Hauser im Teammeeting „finger pointing" vermeiden. Sie beobachten den Akteur im Praxisfall dabei, seine Lernkurve zu gestalten, sich schrittweise von dem „typisch deutschen Verhalten" zu verabschieden und sich erfolgreich auf die Anforderungen in den USA einzulassen.

Arbeitsprozessvergleicher für Deutschland und die USA

Zielsetzung und Anwendung

Das Instrument vergleicht mit zwei Grafiken den Schwerpunkt im Arbeitsprozess in Deutschland und den USA. Zielsetzung ist es, den Unterschied zwischen den Arbeitskulturen der beiden Länder deutlich zu machen. So erhält der Protagonist im Praxisfall einen Denkanstoß – und leitet die Verhaltensveränderung bei sich ein. Zusätzlich ist die Visualisierung der Unterschiede eine nützliche und gut verständliche Information für das Team, um gegenseitiges Verständnis zu schaffen.

Nutzen

Der Arbeitsprozessvergleicher unterstützt dabei, die amerikanische Handlungsorientierung in den eigenen – typisch deutschen – Arbeitsprozess zu integrieren. So gelingt es Ihnen, die Erwartungen Ihrer amerikanischen Geschäftspartner zu erfüllen: Sie wirken nicht länger akademisch oder pessimistisch auf Ihre amerikanischen Geschäftspartner.

Beschreibung

Der Arbeitsprozessvergleicher besteht aus zwei Grafiken, die den deutschen und amerikanischen Arbeitsprozess abbilden: Mit den Größenverhältnissen der abgebildeten Prozessschritte „Statusanalyse, Ist-Soll-Vergleich und Aktionen" wird der Unterschied zwischen den beiden Arbeitskulturen auf unkomplizierte Weise klar: In Deutschland liegt der Schwerpunkt im Arbeitsprozess häufig auf einer ausführlichen Statusanalyse und dem Ist-Soll-Vergleich. Das betrachten wir als reifes Vorgehen. In den USA werden diese Denk- und Arbeitsschritte ebenfalls durchlaufen, bevorzugt jedoch schneller – z. B. ergänzt durch Erfahrungswissen – abgeschlossen. Der Fokus liegt auf dem raschen Einleiten und Umsetzen von (messbaren) Maßnahmen. Das Instrument kann für die Selbstreflexion eingesetzt werden oder für die Diskussion mit einem Team.

Arbeitspaketschnürer für Teams

Zielsetzung und Anwendung

Das Instrument bietet eine unkomplizierte Hilfestellung für das Team, um die gemeinsame Roadmap für ein wichtiges Projekt zu erstellen. Dahinter steht der Wunsch der Führungskraft, dass das Team künftig noch selbstständiger Entscheidungen zu Arbeitsfragen trifft. Patrick Hauser im Praxisfall wendet das dreistufige Vorgehen in einem Teammeeting an.

Nutzen

Das Vorgehen unterstützt Teams dabei, die eigenen Kompetenzen zu aktiveren und auf dieser Grundlage selbstständig weitere Entwicklungsschritte in der Arbeitsorganisation zu vollziehen.

Beschreibung

Der Arbeitspaketschnürer besteht aus drei Elementen:

- Brainstorming
- Ergebnisbewertung des Brainstormings
- Baukasten „Arbeiten mit enger Anleitung" und „Selbstverantwortung" zur Erstellung einer Roadmap

Das Instrument sieht ein hohes Maß an Interaktion vor. Berufliche Hierarchien werden ausgeblendet und die Inhalte bzw. die fachliche Expertise der Teilnehmer in den Mittelpunkt gestellt: Die ersten beiden Etappen „Brainstorming" und „Ergebnisbewertung des Brainstormings" sind wichtige Bausteine, um

a) alle Mitarbeiter unabhängig von ihrer Rolle einzubinden,
b) alle Kompetenzen und Erfahrungen im Denkprozess zu aktivieren und
c) die positive Gruppendynamik aufzubauen.

Das dritte Element ist ein flexibler Baukasten aus Handlungsweisen zur Aufgabenverteilung zwischen dem Team und der Führungskraft. Grundlage sind die gewonnenen Ergebnisse aus der Reflexion.

Es geht darum, mit der Gruppe zu diskutieren und zu dokumentieren, welche Aufgaben von einzelnen Experten, kleinen oder großen Arbeitskreisen selbstständig erledigt werden können. Normalerweise fühlen sich die Mitarbeiter durch die Vorarbeiten aus den ersten beiden Etappen motiviert. Sie haben ein positives Kompetenzerlebnis erhalten und öffnen sich mit gesteigertem Selbstbewusstsein für neue Tätigkeiten. Die verbleibenden Aufgabenpakete werden – ohne Bewertung – im Projektverlauf gemeinsam mit dem Projektleiter oder der Führungskraft erarbeitet. Für diese Themen melden das Team bzw. die Mitarbeiter zurück, dass die Aufgabenerfüllung nur mit (viel) Anleitung erfolgen kann.

3.2.6   Den perfekten Auftritt hinlegen

Fokusthema: Businessetikette und Argumentationsstrukturen in den USA und Deutschland vergleichen

Zur kurzen Erinnerung

Paul Müller und sein Team empfangen einen möglichen Lieferanten aus den USA. Obwohl sich beide Seiten bemühen, springt der Funke nicht über. Herr Müller ist am Ende des Treffens eher verunsichert in Bezug auf die Qualitäten des Unternehmens aus den USA, weil er das Verhalten seiner Besucher nicht einschätzen kann. Paul Müller berät sich mit einer Expertin für deutsch-amerikanische Zusammenarbeit und nimmt nochmals einen Anlauf, die Kooperation aufzubauen. Er arbeitet mit der Systematik „Meetingdekodierer".

Zielsetzung und Anwendung

Die Systematik unterstützt Sie dabei, möglicherweise verwirrendes Verhalten Ihrer amerikanischen Gesprächspartner einzuschätzen. Sie lernen die Grundzüge der amerikanischen Businessetikette kennen und verstehen, welche Form und Struktur bei Präsentationen von amerikanischen Sprechern normalerweise gewählt werden. Der „Meetingdekodierer" ist ebenfalls hilfreich für die eigene Vorbereitung auf ein Meeting und/oder eine Vortragssituation, um sich auf die Erwartungen der Gegenseite einzustellen.

Nutzen

Sie lernen, Ihren kommunikativen Erfolg bei amerikanischen Gesprächspartnern gezielt zu gestalten. Sie lernen aufgrund der Systematik, den Auftritt Ihrer US-Partner zu deuten und deren Professionalität in Wort und Schrift einzuschätzen.

Beschreibung

Die Systematik ist in zwei Stufen untergliedert und liefert Informationen zu den folgenden Punkten:

a) **Etikette im Meeting**
   • Verbindlichkeit der Agenda für den Gesprächsverlauf
   • Gleichheitsverständnis im Meeting
   • Körpersprache im Vergleich
   • Interaktion zwischen dem Redner und dem Publikum
   • Humor als Eisbrecher in anspruchsvollen Situationen
b) **Form und Struktur von Präsentationen**
   • Bedeutung von Selbstmarketing und Nutzenargumenten in den USA
   • Unterschiedliche Argumentationsstruktur von Vorträgen: Begründung in Deutschland versus Anwendungsbeispiele in den USA
   • Interaktion bei Vorträgen als Zeichen von Professionalität

Sie blicken dem Protagonisten aus dem Praxisfall dabei über die Schulter, wie er die Informationen zu den Kulturunterschieden mit seinen Eindrücken vergleicht. Schritt für Schritt lernt er, sich seiner bisherigen (von der deutschen Kultur geprägten) Maßstäbe bewusst zu werden. Am Ende des Denkprozesses gelingt es Herrn Müller, seine kulturspezifischen Attribuierungen zu relativieren. So kann er eine Neubewertung der Gesprächssituation mit den US-Partnern vornehmen.

Eisbrecher

Zielsetzung und Anwendung

Der gemeinsame Besuch einer Sportveranstaltung ist in den USA unter Geschäftspartnern üblich. Das Instrument „Eisbrecher" unterstützt Sie dabei, mit Ihren US-amerikanischen Partnern in einer lockeren Atmosphäre den zwischenmenschlichen Kontakt aufzubauen oder zu stärken. Sie wenden den Eisbrecher an, um ergänzend zu den in Sachmeetings gesammelten Informationen weitere Eindrücke über Ihre Partner zu sammeln bzw. zur Verfügung zu stellen.

Nutzen

Durch das Rahmenprogramm „Sportveranstaltung" erzielen Sie eine Gruppendynamik mit Ihren amerikanischen Gesprächs- oder Verhandlungspartnern. Sie reduzieren mögliche, gegenseitige Vorbehalte durch den zwanglosen Rahmen. Der Sport liefert ein zusätzliches Gesprächsfeld zu den Businessthemen. Das hilft Ihnen, eine positive Beziehungsebene aufzubauen und die persönliche Bindung zwischen den Gesprächspartnern zu stärken.

Beschreibung

Das Instrument „Eisbrecher" ist eine Gebrauchsanleitung, wie Sie den Besuch einer Sportveranstaltung in Ihre Geschäftsverhandlung mit (nicht nur) amerikanischen Partnern zielgerichtet einbinden. Im Praxisfall wird ein Match des lokalen Fußballklubs besucht, das sich so gut eignet wie beispielsweise ein prestigeträchtiges Spiel eines Bundesligavereins. Die konkrete Sportart spielt für die meisten Amerikaner dabei keine Rolle. Im Vordergrund steht der gemeinsame Besuch der Veranstaltung, der für eine lockere Atmosphäre sorgt. Man besucht das Event in Freizeitkleidung. Im Fallbeispiel werden vom deutschen Gastgeber Fanartikel (Schals und Mützen) für die Gäste angeboten und von der ganzen Gruppe getragen. Das sorgt für ein Gefühl von Verbundenheit, das sich zuvor zwischen dem Protagonisten sowie seinem Team und dem amerikanischen Lieferanten nicht einstellen wollte. Vor Ort gelingt das Gespräch besser: Nicht nur die deutsche Seite, auch die amerikanische Delegation „taut auf", man findet Gemeinsamkeiten und bespricht ebenso die Geschäftsthemen zur beiderseitigen Zufriedenheit beim Match.

Innovationsworkshop

Zielsetzung und Anwendung

Das Instrument „Innovationsworkshop" bietet einen Rahmen, um plausible Zukunftsszenarien zwischen Kunde und Lieferant zu diskutieren. Sie können die aktuelle Produktreihe in den Mittelpunkt stellen (wie im Praxisfall erfolgt) oder auch mögliche weitere Projekte planen. Das Event findet statt, um einerseits die Leistungskraft des Lieferanten besser einschätzen zu können, und andererseits die strategische Partnerschaft solide vorzubereiten.

Nutzen

Die Experten beider Seiten lernen sich fachlich kennen, entwickeln gemeinsame Blickwinkel und verpflichten sich zu konkreten Vereinbarungen in Bezug auf die angestrebte strategische Partnerschaft.

Beschreibung

Der „Innovationsworkshop" ist ein Event, das sich mindestens einen Tag mit den gemeinsamen Entwicklungsprojekten der Beteiligten befasst. Es gibt eine Agenda, die jedoch eher Vorschlagscharakter hat. Die Atmosphäre orientiert sich stark an Brainstorming-Prozessen, bei denen alle Beteiligten ihre Gedanken ohne Bewertung (die eigene oder die der Gruppe) vorstellen dürfen. Wichtig ist, dass die Entscheidungsträger und die Experten anwesend sind, damit der Phase des Brainstormings konkrete Projektszenarien folgen, die mit einem Zeitplan und der Selbstverpflichtung beider Seiten abgerundet werden (können). Empfehlenswert ist es, ein Protokoll über das Event zu führen (Verlaufs- oder Ergebnisprotokoll), um die Ideen in verschiedenen Stadien oder zumindest die jeweiligen Ergebnisse zu dokumentieren.

Der „Innovationsworkshop" im Praxisfall verursacht auf den ersten Blick hohe Kosten beim Kunden (Zeiteinsatz und Reisekosten von Paul Müller und Gerlinde Reiter), liefert jedoch im Detail die gewünschte Sicherheit bezüglich der Innovationskraft des Lieferanten. Alle betroffenen Experten in den USA sind anwesend und können sich zu den Fachthemen äußern. So kann Paul Müller diese „auf Herz und Nieren" prüfen. Trotz der Expertise von Paul Müller und Gerlinde Reiter wäre es ideal gewesen, in der Delegation von „Seriös" wäre ein Entwicklungsexperte mit in die USA gereist.

Literatur

Bloom, A. (1988): The closing of the American mind, New York.
Käßman, M. (2011): Zu Gast in Amerika, Frankfurt am Main.
Müller, S. (2003): We, on Death Row – der Tod steht ihnen gut, Reihe Kulturwissenschaftliche Werbeforschung, Band 4, Frankfurt am Main.

Schluss: Quo vadis kultursensibles Management?

4

Bücher wie dieses könnten überflüssig sein.

Warum? Man ist versucht anzunehmen, dass die fortschreitende Globalisierung Betrachtungen zur interkulturellen Kommunikation nach und nach verzichtbar macht, weil das Bewusstsein und die Kenntnisse über andere Kulturen zunehmen.

In meiner Praxis als Beraterin, Trainerin und Coach erlebe ich auch, dass die persönlichen Erfahrungen mit dem Besuch von Urlaubsdestinationen zunehmen und es mehr und mehr Schnittstellen mit anderen Kulturen gibt. Zudem ist die Ausbildung in Deutschland und den meisten europäischen Ländern auf allen Stufen mittlerweile so internationalisiert, dass Auslandserfahrungen und Theoriekenntnisse in interkultureller Kommunikation für die Generationen Y und Z zu einem Standard geworden sind. Günstige Flugpreise tun ihr Übriges, um einer breiten Masse von Menschen die Möglichkeit zu geben, ihre Kompetenzen im Umgang mit Diversity auszubilden.

Es fehlt diesem Wissen jedoch häufig ein „roter Faden", um die zahlreichen mosaiksteinartigen Eindrücke zu ordnen und – für den beruflichen Kontext – anwendbar zu machen. Zusammenfassend lässt sich jedoch festhalten: Die Voraussetzungen für die gelungene Wirtschaftskommunikation und die Ausprägungen von kultursensiblen Managementstrategien und -instrumenten sind durchaus gegeben.

Veränderungen erfordern bewusstes Management

Meine Erfahrungen zeigen allerdings: Die interkulturelle Kontaktsituation im Allgemeinen und die deutsch-amerikanische Kommunikation im Besonderen sind auf absehbare Zeit noch nicht selbstverständlich für die Partner.

Neben der Kenntnis und dem adäquaten Umgang mit Fakten und Lerninhalten, stellt uns die vermehrte Zusammenarbeit mit den USA auch vor emotionale Herausforderungen: Es handelt sich um einen klassischen Veränderungsprozess mit den üblichen Tälern

© Springer Fachmedien Wiesbaden GmbH, ein Teil von Springer Nature 2020
S. Müller, *Führung und Projekterfolg mit US-Geschäftspartnern*,
https://doi.org/10.1007/978-3-658-28281-3_4

und Höhen für Personen, die sich mehr oder weniger schnell auf neue Arbeitspartner und -prozesse einstellen können.[1]

In individuellen Beratungssituationen berichten meine Klienten häufig von anstrengenden Schwierigkeiten auf der Arbeitsebene, weil die Abstimmung in der Zusammenarbeit Zeit und Mühe erfordert. Es wirkt deshalb auf nicht wenige meiner Kunden entlastend, wenn sie befreit von Schuldgefühlen aussprechen dürfen: „Ich mag den deutschen Prozess. Ab und zu bin ich deshalb genervt, wenn ich meine Arbeitsweise (zu sehr) auf meine amerikanischen Kontaktpartner anpassen muss. Egal aus welchen Gründen."[2]

In einer Klima-Befragung von zufällig ausgewählten Trainingsteilnehmern mit einer durchschnittlichen Berufserfahrung von mehr als fünf Jahren der Jahre 2017, 2018 und 2019 mit der Befragungsgröße N = 500 Teilnehmer habe ich die unten dargestellten Antworten erhalten. Circa die Hälfte der Befragungsgruppe ist als Führungskraft im mittleren oder oberen Management tätig. Die Genderverteilung in der Befragungsgruppe liegt bei 68 männlichen und 32 weiblichen Teilnehmern.

Item 1

Ich empfinde die Zusammenarbeit mit meinen US-Partnern als Bereicherung:

Antworten zu Frage 1

66 Prozent empfinden die Zusammenarbeit als Bereicherung

33 Prozent empfinden die Zusammenarbeit nicht als Bereicherung

6 Prozent sind unentschlossen

Einschätzung

Erfreulich viele Mitarbeiter sind offen für die Zusammenarbeit mit amerikanischen Geschäftspartnern innerhalb oder außerhalb des Unternehmens. Trotzdem verhalten sich 39 Prozent der Trainingsteilnehmer eher ablehnend oder abwartend. Die konkreten Bedarfe dieser Zielgruppen müssen noch geklärt werden, so dass sie nicht nur im Vorfeld in die Curricula von Trainingsveranstaltungen aufgenommen, sondern auch in weiterführenden Maßnahmen behandelt und die weiteren Ergebnisse evaluiert werden können.

Item 2

Ich empfinde es als Belastung, wenn ich erprobte Arbeitsprozesse verändern muss, um meine amerikanischen Partner einzubeziehen.

---

[1] Doppler, K. & Lauterburg, C. (2014).

[2] Rückmeldungen wie diese erhalte ich seit vielen Jahren in gleichbleibend hoher Anzahl von meinen Klienten im Rahmen meiner interkulturellen Trainings oder (Einzel)Beratungen.

Antworten zu Frage 2

87 Prozent empfinden es als Belastung, wenn sie Arbeitsprozesse verändern

11 Prozent haben mit der Anpassung der Arbeitsprozesse keine Probleme

2 Prozent sind unentschlossen

Einschätzung

Fast neun von zehn Befragten leiden unter der „Veränderungsanstrengung" an ihren Arbeitsplätzen. Nur wenige Mitarbeiter melden kein Gefühl von Anstrengung zurück. Diese Zahlen machen deutlich: Die Mitarbeiter benötigen offensichtlich noch mehr Unterstützung, um die internationalen Aufgaben motiviert und mit guten Ergebnissen erfüllen zu können.

Ich gehe davon aus, dass die gefühlte Belastung (schwach wie stark) eine Auswirkung auf die Arbeitsergebnisse dieser Mitarbeiter hat.[3] Auf der Grundlage dieser Ergebnisse stellt sich unwillkürlich die Frage: Gibt es Mitarbeiter und Führungskräfte, die für die Zusammenarbeit mit den USA (und/oder generell für den internationalen Kontakt) besonders geeignet sind? So einfach lässt sich das nicht feststellen.

Kompetenzprofile für die Arbeit in der globalisierten Arbeitswelt

Persönlichkeiten, die durch ihren familiären Hintergrund bereits Erfahrungen in der interkulturellen Kommunikation mitbringen, z. B. durch Eltern oder Verwandte aus anderen Kulturen, bringen sicher eine größere Sensibilität für eine Stellung als Experte oder für Managementaufgaben mit internationalen Mandaten mit.

Auch Mitarbeiterinnen und Mitarbeiter mit Migrationshintergrund finden aus meiner Sicht hier ein natürliches Handlungsfeld, in dem (inter)kulturelles Wissen ideal abgefragt und eingebracht werden kann.

Erfolgreiche Entsendungen von Fach- und Führungskräften von Europa in die USA (und natürlich auch in andere Einsatzorte) gehören schon seit Jahrzehnten zum beruflichen Alltag vieler Unternehmen, im Jahr 2016 gab es allein in der Europäischen Union 2,3 Millionen entsandter Arbeitnehmer.[4]

---

[3] Bei der Klima-Befragung im Rahmen meiner Trainings wäre eine Befragung der Teilnehmer zu den Aspekten „Motivation" oder „Effizienz" in einigen Unternehmen unter die Mitbestimmungsrechte des Betriebsrats gefallen, weshalb diese Fragen unterblieben. Auch das Vertrauensverhältnis mit meinen Teilnehmern wäre strapaziert worden. Aus meiner Sicht lassen die Antworten zu den beiden Fragen jedoch einige Rückschlüsse zu, deren Korrelationen durch die weitere Forschung konkretisiert werden können.

[4] http://www.europarl.europa.eu/news/de/headlines/society/20171012STO85930/entsandte-arbeitnehmer-reform-der-entsenderichtlinie-infografik. Zugegriffen am 29.07.2019.

Erfolgsfaktor Selbstreflexion: für Individuen und Organisationen

Ein hohes Maß an Selbstmotivation ist zweifelsfrei nötig. Aus meiner Sicht gehört es zu den Erfolgsfaktoren, die Unterschiede zwischen Selbst- und Fremdwahrnehmung immer wieder unvoreingenommen zu prüfen, um das eigene Verhalten bei Bedarf mit Augenmaß an die Erwartungen der Zielgruppe anzupassen.

Voraussetzung für diese Selbstreflexion ist es einerseits, dass die Beteiligten ihr Theoriewissen über die USA erfolgreich in die Praxissituation übertragen. Andererseits illustrieren Ihnen die Fallbeispiele: Wichtig ist neben den Kompetenzen der beteiligten Fach- oder Führungskräfte auch die Unterstützung der Organisation in Bezug auf kulturorientierte Trainings, den flexiblen Einsatz von Coachings oder beispielsweise maßgeschneiderte Mentorenprogramme.

Der Fremdheit bewusst mit einer positiven Haltung begegnen

Durch die Einflüsse der Globalisierung und Digitalisierung haben sich unsere Arbeitsplätze in Deutschland bereits verändert: Entsendungen nehmen weiter zu, ebenso die internationale Zusammenarbeit am eigenen Arbeitsplatz mit Partnern in der ganzen Welt.[5]

Unabhängig von der Machtverteilung im Unternehmen oder zwischen Geschäftspartnern, ist deshalb die kultursensible Zusammenarbeit im Kontakt mit den USA unser Ziel. Ohne Hellseherin zu sein, kann ich feststellen: Beide Seiten müssen dauerhaft mit dem Umgang miteinander zufrieden sein, ansonsten wird die Zusammenarbeit nicht erfolgreich und ressourcenfreundlich funktionieren.

Ich freue mich deshalb, wenn Sie die Lektüre dabei unterstützt, Ihren persönlichen Weg zu finden. Zum Ende komme ich deshalb auf mein Motto zurück. Erlauben Sie mir dabei, Sie noch einmal – mit einem Augenzwinkern – aufzufordern, die hindernde Fremdheit zwischen Ihnen und Ihren Partnern zu überwinden:

„Fremd ist der Fremde nur in der Fremde"
Karl Valentin (1882–1948).

Literatur

Doppler, K. & Lauterburg, C. (2014): Change Management: den Unternehmenswandel gestalten, 13. Auflage, Frankfurt am Main/New York.

---

[5] http://www.europarl.europa.eu/news/de/headlines/society/20171012STO85930/entsandte-arbeitnehmer-reform-der-entsenderichtlinie-infografik. Zugegriffen am 29.07.2019.

Sandra Müller

Frauen als Führungskraft

Stärken nutzen,
Erfolgspotenziale realisieren

3. Auflage

Springer Gabler

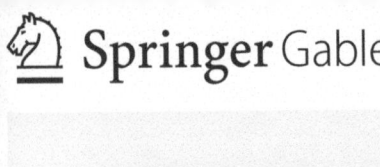

The manufacturer's authorised representative in the EU is Springer
Nature Customer Service Centre GmbH, Europaplatz 3, 69115 Heidelberg,
Germany. If you have any concerns regarding our products, please
contact ProductSafety@springernature.com

Printed and bound by CPI Group (UK) Ltd, Croydon, CR0 4YY

28/04/2026

02098537-0007